흔들려도 괜찮아

사춘기 마음 사전

저자

이현주

한국교원대학교 국어교육과를 졸업하고 군산대학교 교육대학원에서 석사학위를 취득했다. 중·고등
학교에서 24년간 국어 교사로 재직했으며, 현재 전라북도교육연수원 교육연구사로 재직 중이다.
저서로는 『후크 선장님께』, 『내 맘대로 김소월 윤동주 시 감상하기』, 『사춘기와 내신 잡는 중학생활 공
부법』, 『초등부터 준비하는 완벽한 수행평가』, 『101가지 수행평가 주제 글쓰기』, 『사춘기 핵인싸의 비
밀』, 『초등부터 준비하는 수행평가 글쓰기 10대 전략 수행평가 글쓰기』가 있다.

이현옥

23년차 현직 교사로 중학교에서 16년째 근무 중이다. 사춘기와 엄마를 주제로 한 유튜브 〈중학탐구생
활〉과 블로그 〈중학탐구생활〉을 운영 중이다.
저서로는 『사춘기와 내신 잡는 중학생활 공부법』, 『초등부터 준비하는 완벽한 수행평가』, 『101가지 수
행평가 주제 글쓰기』, 『사춘기 핵인싸의 비밀』, 『초등부터 준비하는 수행평가 글쓰기 10대 전략 수행
평가 글쓰기』가 있다.

흔들려도 괜찮아

사춘기
마음사전

이현주·이현옥 지음

마음속에 울리는 소리 없는 아우성.
나도 모르는 내 마음 탐구생활

사람in
saram
in.com

일러두기

* 책 속에 등장하는 사연의 주인공들과 이 책의 독자가 될 사춘기 학생들을 아울러
  '마음이'로 지칭하였습니다.

* '내 마음'은 사연 주인공의 마음이고, '우리 마음'은 저자들이 아이의 마음을 이해하며
  해 주는 조언입니다.

* 대화 주인공 이름은 우리말로 뜻을 달았습니다.

"에이씨. 되는 게 하나도 없어."

친구들이 요즘 가장 많이 하는 말일 겁니다. 나는 특별한 줄 알았는데 그게 아니었나 봐요. 언젠가부터 자신이 없어졌어요. 특별한 게 하나도 없으니까요. 속상한 마음에 주변을 둘러보면 친구들은 모두 행복해 보여요. 뭔가 목표를 하나하나 이뤄나가는 것 같지요. 나도 거기에 끼고 싶은데 너무 초라합니다. 매력도 없고 특기도 없는 나를 누가 좋아할까 싶지요.

내 마음속에서 생겨나는 이 고민들을 누구에겐가 털어놓고 이야기하고 싶지만 그럴 사람도 없을 거예요. 기대 가득한 눈으로 나를 바라보는 부모님을 실망시키고 싶지도 않고, 친구들에게 털어놓자니 나를 싫어하게 될까 봐 두려워져요. 도대체 인생이 뭔가요? 왜 이렇게 인생이 복잡한 거지요? 어릴 때는 아무 고민 없이 그저 즐겁고 행복했는데, 지금은 아닙니다. 뭐든지 할 수 있을 줄 알았는데, 아무것도 잘하는 게 없죠. 머릿속에 생각은 가득한데 정작 하고 싶은 건 하나도 없을 거예요.

　　사춘기가 되면 참 많은 것들이 달라집니다. 학교 성적으로 존재감이 드러나기도 하고, 공부를 못하면 성격이라도 좋아야 하죠. 안간힘을 써보지만 쉽지 않을 거예요. 분명 부모님은 어릴 때부터 '너는 존재만으로도 소중하다'고 했었는데, 과연 그게 맞나 싶어지죠. 세상은 뭔가를 잘해야지만, 특출해야지만 나를 알아주는 것 같아요. 하지만 나는 잘하는 게 하나도 없으니 고민이 깊어질 수밖에 없습니다. 나만의 특별함을 찾고 싶은데 어디서부터 시작해야 할지 막막하기만 할 거예요. 이런 생각들로 머리 아픈 사춘기 친구들이 있다면 어서 오세요. 여러분의 마음을 들여다볼 사전을 준비했으니까요. 다른 사람들과 공유하기는 부끄러운 내 마음을 하나하나 꺼내서 들여다보세요. 나를 더 이해할 수 있는 시간이 될 거예요.

　　사춘기에는 내가 누구일까, 무엇을 좋아할까 의문이 생깁니다. 내 가치관과 성격을 탐색하고, 나란 사람에 대해서 관심을 가지기 시작해요. 이 과정에서 '내가 바라보는 나'와 '타인이 기대하는 나' 사이에서 갈등할 수 있습니다. 독립적으로 자신의 의사를 표현하고 결정하고 싶어 하기에 부모님과 문제가 생기기도 하지요. 나만의 생각을 키워나가고 싶고, 주체적이고 독립적으로 살고 싶은 마음이 강해집니다. 거기에 친구들과의 관계가 확장되고 친밀도가 쌓이면서 친구가 가장 중요한 존재로 자리매김합니다.

이성에 대한 호기심으로 사랑을 꿈꾸기도 하고요.

　　이런 모든 변화의 중심에 여러분의 마음이 있습니다. 자주 기분이 변하죠. 분노, 슬픔, 기쁨 등 여러 가지 감정들을 한꺼번에 겪으면서 혼란스러울 수 있어요. 마음의 변화는 적응하기 어려울 수 있지만 자연스러운 겁니다. 다양한 감정을 경험해야 인생에서 온갖 감정들을 받아들일 수 있으니까요. 자신의 마음을 알아야 타인의 마음도 이해할 수 있어요. 그래서 사춘기에는 자신의 마음을 잘 들여다보고 감정을 있는 그대로 수용하는 연습이 필요하죠. 『사춘기 마음 사전』을 꺼내어 하나하나 내 마음과 비교해보세요. 내 마음을 이해하고 수용하고 더 큰마음으로 키워나가는 데 도움이 될 거예요.

　　사랑하는 사춘기 친구들! 여러분은 어떤 모습을 하고 있더라도 소중한 존재입니다. 때로는 모나고 부족해 보이는 나라도 그대로 인정하고, 내가 있는 그 자리에서 시작하세요. 여러분은 무한한 가능성을 지녔습니다. 하루가 다르게 성장하고 있으니까요. 언젠가 훌쩍 자랄 여러분의 마음 씨앗을 소중하게 키워내기 위해 함께 시작해 볼까요?

Chapter 1

사춘기
마음
사전

나는 평범하고
보통이에요

01

엄마 오늘 학부모 모임 다녀왔는데 너희 반에 수학을 엄청 잘하는
애가 있다며?

단미 응, 유준이라고 있어. 우리 반 1등이야.

엄마 지난번에 영어 말하기 대회 1등한 애도 걔야?

단미 아니, 걔는 채린이.

엄마 …….

단미 엄마 표정이 왜 그래? 내가 수학도, 영어도 못해서 속상해서
그런 거지? 내가 창피한 거잖아!

엄마 갑자기 왜 소리를 질러? 내가 뭘 어쨌다고.

단미 안 그런 척하지 마. 엄마 표정에 다 써 있어. 나도 내가 수학
도, 영어도 못해서 짜증 나거든! 난 왜 이렇게 평범해? 잘하
는 게 하나도 없잖아!

* **단미** 사랑스러운 여자

내 마음

내 고민은요, 내가 너무너무 평범한 거예요. 진짜 특별한 게 하나도 없어요. 누구는 내 나이 또래인데 무대에서 반짝반짝 빛이 나고 많은 사람들이 좋아하죠. 얼굴은 또 얼마나 예쁜지 보고 있으면 행복한 미소가 지어져요. 말도 예쁘게 하고 인기도 많은 그 아이돌을 보다가 거울에 비친 나를 보면 소스라치게 놀라요.

나는 늘 그저 그래요. 나도 뭔가 특출난 게 하나쯤 있으면 좋겠는데, 모든 게 너무 평범하죠. 남들은 나와 정말 달라 보여요. SNS 속 친구들은 모두 예뻐요. 단순히 얼굴만 예쁜 게 아니에요. 조금 특별해 보이는 뭔가가 있어요. 특별한 분위기와 고급스러움이랄까요? 얼굴을 드러내지 않고 발목만 살짝 드러냈는데도 가녀린 발목이 너무 예뻐 보이는 거죠. 분위기가 끝내줘요. 누군가는 발목 하나로도 저렇게 존재감을 드러내는데, 저런 가녀린 발목 하나조차 가지지 못한 너무너무 보통인 나라서 속상할 때가 참 많아요.

외모가 평범한 건 그렇다 쳐요. 그런데 외모 말고도 특별하지 않은 게 대부분이에요. 친구들처럼 활달한 성격이면 얼마나 좋을까요? 나도 친구들이 서로 팔짱을 끼고 함께 다니려고 하는 그런 존재가 되고 싶어요. 그렇지만 나는 친구들에게 말 한번 걸기가 어려워요. 용기가 없어 새로운 친구에게는 잘 다가가지도 못해요. 그렇다고 특별히 운동을 잘하는 것도 아니고, 노래나 춤에 미쳐 살지도 않죠.

모든 게 그냥 그저 그래요. 늘 아무것도 아닌 존재로 살아가죠. 나는 너무나도 평범하니까요. 그래서 너무 슬퍼요.

우리 마음

✦ 보통인 게 뭐 어때요?

마음이는 자신이 보통이라서 고민이군요. 맞아요. 우리는 너무나 평범해요. 다른 사람에게 있는 특별함과 특출함이 없고 뭐든 중간인 것 같죠. 사람마다 특별한 달란트가 있다고 하는데 마음이에겐 없거든요. 뭐 하나 잘하는 게 없고, 존재감도 제로죠. 본인만의 재능을 만들어보고 싶어서 이것저것 배워도 봤지만, 거기서도 특별함을 만들어내진 못했어요. 그저 그 취미를 즐기는 평범한 사람일 뿐이었죠.

마음이는 지극히 평범한 자기 자신이 실망스러울 거예요. 하지만 이렇게 한번 생각해 보세요. 우리는 누구나 행복해지고 싶어 하죠. 그런데 재능을 가진 사람은 특별히 더 행복할까요? 남들과 다른 특별함을 지녔으니 더 행복할 것 같잖아요. 특별히 행복해 보이는 사람 한 명을 정해서 유심히 관찰해 보세요. 마음이가 제일 좋아하고 특별하다고 생각하는 아이돌은 어때요?

그녀는 대한민국 최고의 아이돌이에요. 모르는 사람이 없죠. TV에 가끔 보이는 그녀의 집은 무척 호화로워 보여요. 아이돌이 되기 전부터 특별하게 자란 티가 난다고 해야겠죠. 특별한 배경만 있는 게 아니에요. 실력도 최고인 데다 얼굴도 너무너무 예뻐요. 우리가 꿈꾸는 모든 것을 가진 정말 특별한 사람이죠. 그런데 얼마 전 그녀의 SNS가 해킹을 당해 남자친구와 다정하게 찍은 사진들이 유출되었어요. 온 국민이 그녀의 사생활을 알게 된 거예요. 자신의 연애사 한 장면 한 장면을 전 국민이 알게 된 이 상황이 어떨까요? 지금 이 순간 그녀가 바라는 것은 마음이가 가진 평범함일지도 몰라요. 자신이 평범했다면 이런 고통은 당하지 않아도 됐을 테니까요. 그녀뿐 아니라 유명인들이 평범한 일상을 그리워하는 경우는 무척 많답니다.

유명한 사람은 전 국민이 아니까 그럴 수 있다고요? 그렇다면 마음이가 주변에서 아주 쉽게 만날 수 있는 특별한 친구들의 이야기를 해볼까요? 교실에 한 명쯤 존재하는 인싸 친구 말이에요. 성격이 너무 좋아서 친구들이 모두 함께 다니고 싶어 하는 그 친구는 그저 행복하기만 할까요? 자신의 특별함이 늘 좋기만 할까요? 친구가 많으면 선택해야 하는 순간이 많겠죠. 그래서 힘이 들 수도 있어요. 가령 수학여행이나 현장학습을 갈 때 누구랑 앉을까가 큰 고민이 될 수 있지요. 그때 그 친구는 나보다 몇 배 더 고민하게 될 거예요. 한 친구를 고르면 나머지 친구들이 서운함과 배신감을 토로하니까요. 그만큼 선택이 어려울 거예요. 또 친구들의 고민 상담을 해주느라 엄청 바쁠 거예요. 친구들의 이야기를 들어주다가 지칠 수도 있어요. 정작 자기 고민은 그 많은 친구 중에서 누구에게 털어놓아야 할까 난감할 수도 있답니다. 그래서 속으로는 '내가 조금만 더 평범했다면 이런 고민을 하지 않아도 됐겠지' 하고 있을 거예요. 이제 알겠나요? 마음이의 평범함을 누군가는 무척 부러워하고 있다는 걸 말이에요.

◆ 평범한 사람의 눈에만 보이는 특별한 것

사실 세상에는 마음이처럼 보통인 사람이 대부분이에요. 많은 이들이 특별함을 추구하지만 특별함은 누구에게나 쉽게 주어지는 게 아니니까요. 그런데요, 이렇게 대다수의 평범한 사람들 속에 섞여 살기 때문에 존재하는 우리만의 특별함이 있다는 걸 아나요?

예를 들어 우리가 특별하고 잘나가는 사람이었다면 걸음이 느린 친구를 이해하지 못했을 거예요. '왜 저렇게 느리게 걸을까?' 하고 생각했을지도 몰라요. 나는 너무 잘나가서 그래 본 적이 없으니까요. 하지만 만약 걸음이 위태로운 친구를 보면서 몸이 불편하신 외할머니를 떠올릴 수 있다면 그건 평범한 나니까 가능한 일이에요. 그 평범함 속에서 친구의 고단함과 위태로움을 발견했던 거죠. 그런데 그런 능력은 결코 평범하지 않아요. 아주 특별한 재능이죠. 게다가 친구가 안타까워 돌멩이를 살짝 치워두었다면요? 그런 마음이는 그 누구보다 따뜻했고 특별했어요. 특별함만 추구했다면 쉽게 하지 못했을 행동이에요. 남에게 보이는 화려함만 좇았다면 결코 할 수 없는 행동이었지요. 이런 것들이 마음이만의 평범함을 키워주는 특별한 경험이랍니다.

이 한 가지 에피소드만 있는 게 아니죠. 우리는 살면서 순간순간 이런 보통의 감정을 느껴요. 전혀 색다를 것 없는, 누구나 느끼는 감정이죠. 그 작은 감정에 울고 웃으며, 그렇게 하루하루를 채워가요. 이것은 평범한 사람에게만 보이는 작은 일상이에요. 우리는 이 일상에서 행복을 느낍니다. 이것이 누군가가 경험하는 화려하고 강렬한 특별함과 비교해서 작은 것일까요? 초라하게 느껴질 수 있지만, 결코 그렇지 않아요. 일상은 그렇게 작은 생각과 경험들이 하나씩 쌓여 이뤄지는 것이니까요. 특별해 보이는 사람들이 그토록 갖고 싶어 하는 보통의 삶, 보통의 감정, 보통의 추억을 우리는 매일 경험해요. 그 안에서 다양한 스펙트럼의 감정들을 느끼면서 말이죠. 이것만큼 소중한 게 있을까요?

평범함을 사랑했으면 해요. 그리고 그 작은 경험들 안에서 마음껏 행복했으면 해요. 내가 무언가를 특별히 잘하는 사람이 아니어도 괜찮아요. 그 작은 경험들 속에서 아주 조금씩이지만 마음이는 특별해지고 있어요. 도드라지지 않는다고 너무 성급해하지 말아요. 아주 작고 평범한 것에서 따뜻함과 편안함을 느낄 수 있는 자신만의 특별한 재능을 사랑해주세요. 우리는 그렇게 보통을 사랑하고 살아가는 특별한 사람들이랍니다.

나는 특별해요

사전적 정의	**특별** 보통과 아주 다름.

엄마   나린아, 너 그거 뭐야?

나린   이거 친구들하고 백화점 갔을 때 샀어.

엄마   그게 뭔데?

나린   있어. 아이돌들이 하는 거야. 독특하고 예뻐서 샀어. 이거 오
만 원이나 하는 거야.

엄마   그렇게 비싼 걸 왜 산 거야? 예쁘지도 않고 이상한걸.

나린   엄마는 몰라! 이런 게 있어야 다른 애들하고 차별이 되는 거
야. 나만의 존재감을 빛내준다고. 엄마는 아무것도 모르면서
그래. *(거울을 바라보면서)* 아, 멋지다! 기분 좋다. 난 역시 특
별해.

* 나린 하늘이 내린

내 마음

나만의 특별함을 드러내고 싶어요. 나는 그 누구와도 다른 특별함이 있거든요. 그런데 그게 하나도 티가 안 나요. 그래서 그것을 드러내기 위해서 독특한 모양의 액세서리를 사요. 가방에 달고 있으면 뭔가 특별해지는 기분이 들어요. 때로는 특별함을 나타내느라 외출할 때 준비 시간이 많이 필요해요. 작지만 특별함을 나타내는 나만의 기술이 있거든요. 머리 가르마를 다르게 타본다거나 옷의 핏을 잡는 데 열중해요. 조금씩 달라지는 내 모습을 보면 흐뭇해요. 외출할 때는 그런 부분에 신경을 많이 써요. 나만의 독특함 말이에요.

그런데 공을 들여 준비하고 나갔는데 아무도 그 특별함을 눈치채지 못할 때는 속상해요. 특히 내가 고른 액세서리가 이상하다는 엄마의 반응은 정말 최악이에요. 엄마는 유행을 잘 알지도 못하면서 그래요. 꼭 막말을 해서 내 마음을 상하게 하죠. 도대체 왜 그럴까요? 나의 특별함을 도와주지도 않으면서 이상한 말만 하는 엄마랑은 대화가 안 통해요. 정말 답답해서 엄마만 아니면 손절했을 거예요.

내 마음을 알아주는 건 친구들뿐이에요. 친구들이 내 스타일을 보고 괜찮다고 말해줄 때 큰 위안을 받는답니다. 그런데 그런 말을 해주는 것도 절친들뿐이에요. 다른 아이들은 반응도 없어요. 하지만 말은 안 해도 아마 속으로는 깜짝 놀라고 있을걸요? 겉으로 표현하면 지는 것 같은 기분이 들어서 말을 못 하는 거겠죠. 부러우면 부럽다, 멋있으면 멋있다고 말해도 되는데 참 안타까워요. 왜 그렇게 솔직하지 못한 걸까요?

앞으로도 나만의 특별함을 드러내는 데 계속 신경 쓸 거예요. 그걸 아직 모르는 사람이 많은 것 같거든요. 외모뿐 아니라 내 머릿속에 가득한 특별한 생각들을 알게 된다면 아마 세상이 깜짝 놀랄 거예요. 내 머릿속에는 새롭고 신기한 나만의 특별한 생각들이 가득하답니다. 내 생각들을 하나하나 펼쳐나갈 생각을 하면 기분이 좋아져요. 그 누구도 상상하지 못하는 멋진 세계가 내 마음속에 가득하거든요. 아무도 생각해낼 수 없을 거라고 생각하면 더 신이 나요. 언젠가 내 상상을 꼭 현실로 만들 거예요.

특별

**마음
사전**

- 남들과 다른 나만의 스타일이나 생각.
- 다른 사람들이 잘 알아채지 못해서 답답한 나만의 독특함.

우리 마음

✿ 특별함을 원하나요?

옛날 왕들을 보면 탄생 설화가 있지요. 업적이 많은 왕일수록 이야기가 화려해요. 그의 특별함을 강조하기 위해서죠. 그런데 놀랍게도 마음이에게도 특별한 탄생 설화가 존재한다는 사실, 알고 있나요? 엄마에게 물어보세요. 마음이의 탄생 설화는 마음이가 생긴 걸 알았던 순간 엄마가 느꼈던 벅찬 감동에서부터 시작해요. 마음이가 엄마 배 속에 있을 때 신기한 행동을 많이 했어요. 배 속에 있는 아기가 엄마 말을 알아듣고 배를 차면서 대화를 나눴던

일도 있을 거예요. 엄마에게 물어보면 마음이가 배 속에 있었을 때부터 생긴 신기한 일들을 이야기해 주실 거예요. 이건 진짜 대단해요. 마음이가 생각하는 것 이상으로요. 어느 왕의 탄생 설화나 어린 시절 이야기보다 화려할 거예요. 부모님께는 마음이가 너무나도 특별한 존재니까요.

그런데 사실 마음이의 특별함은 그 이전으로 거슬러 올라가긴 해요. 마음이가 아빠의 정자였을 때로 말이에요. 마음이는 수억 마리의 정자 중에서 정말 특별한 1등이었어요. 누구도 그 사실을 부인할 수는 없죠. 가장 빠르고 건강하고 영리했기 때문에 이렇게 태어날 수 있었던 거잖아요. 자기 자신을 잘하는 게 하나도 없는 루저(loser)라고 생각했다면 오산이에요. 마음이는 이미 너무나도 뛰어났기 때문에 세상에 나올 수 있었어요. 그러니 어디서든 기죽지 않으면 좋겠어요. 마음이는 멋진 탄생 설화를 지닌 이 세상에 유일무이한 존재니까요.

에이, 시시하다고요? 누구나 갖고 있는, 엄마한테만 특별한 그런 걸로는 만족이 안 된다고요? 이렇게 소중하게 태어난 이야기를 듣고도 마음이의 특별함이 부족하게 느껴지나요? 그럼 지금부터 특별함을 가질 수 있는 조건에 대해 말해줘야겠군요.

◆ 특별함을 가지려면

특별함을 가지려면 매력적인 사람이 되어야 해요. 남들과는 다른 매력을 뽐낼 수 있다면 특별해질 수 있어요. 그런데 그런 매력은 어떻게 가질 수 있을까요? 나린이가 하는 것처럼 외모를 꾸민다거나 특별한 물건을 가지는 것만으로는 부족해요. 그건 잠시 사람들의 눈길을 사로잡을 수는 있겠지만 금세 사라지는 매력이죠. SNS에서 화려한 사람들의 모습이 눈길은 끌지만 계속 보면 질리는 것과 같아요. 꾸며진 모습에서 나오는 매력은 오래 가지 못해요.

그렇다면 오래 기억되는 매력은 어디서 나올까요? 그것은 자신의 모습을 솔직하게 보여주는 것에서 시작됩니다. 진솔하고 진실한 자신을 보여줄 때 그 사람만의 매력이 발산되지요. 자신이 모르는 것을 아는 척하는 것은 매력 없어요. 모르는 내 모습을 부끄러워하지 않고, 모르면 모른다고 당당하게 드러내 보세요. 설사 모르는 것이 있을지언정 괜찮아요. 나는 내 모습이 부끄럽지 않다고 여기고 드러내는 사람이 매력 있어요. 허세를 부리는 것보다 훨씬 낫지요. 내가 나 자신을 사랑한다면 나를 꾸미고 숨길 필요가 없어요. 그런 모습이 너무나도 특별하게 보인답니다. 먼저 나 자신을 아끼고 사랑하고, 내 모습에 솔직해지세요. 자신의 모습을 있는 그대로 사랑하고 보여줄 수 있을 때 마음이의 특별함은 빛을 발할 거예요.

　　다른 방법도 있어요. 사랑을 하는 겁니다. 누군가를 사랑하면 내가 특별해지는 경험을 하게 돼요. 가령 이성친구를 사귄다고 상상해 보세요. 그 친구에게 마음이는 세상 하나뿐인 정말 특별한 존재이자 누구도 대신할 수 없는 비교 불가한 존재가 돼요. 또 사랑을 할 때 그 사람과 머무는 공간과 경험은 너무나 특별해지죠. 그렇다고 무조건 이성 교제를 하라는 말은 아니에요. 굳이 이성이 아니더라도 우리는 관계를 통해서 특별함을 경험하게 돼요. 친구나 가족과도 이러한 감정을 충분히 나눌 수 있고, 반려동물을 키우는 경우라면 반려동물과도 나눌 수 있어요. 누군가를 진심으로 사랑해 보세요. 그러면 상대방과 특별한 세상을 경험할 수 있을 거예요. 내가 하는 모든 일들이 의미 있어지는 기적을 경험할 거예요. 사랑하고 사랑받는 일을 통해 우리는 우리의 특별함을 충분히 느낄 수 있답니다. 그것이 마음이를 아주 특별하게 만들어줄 거예요.

03 유능한 사람이
되고 싶어요

**사전적
정의** **유능** 재능이 있음. 능력이 뛰어남.

엄마 으뜸아, 이거 뭐라고 써 있는 지 봐봐. 청소기 조립하려는데
      글씨가 잘 안 보이네.

으뜸 엄마, 요즘 누가 설명서 보고 조립해? 모델명 말해 봐. 유튜
      브에 조립하는 방법이 나와 있을 거야 음⋯⋯. 여기 있네. 이
      거 보고 해.

엄마 와, 금세 찾았네. 우리 으뜸이 능력자네.

으뜸 뭘 이 정도로 그래. 내 능력이 이름처럼 으뜸인 거 몰랐어?
      엄마가 잘 몰라서 그렇지 내가 진짜 진짜 잘하는 게 많아요.
      공부 빼고는 나도 꽤 능력자랍니다.

엄마 그랬구나, 몰랐네. 그렇게 능력자면 공부도 더 잘할 수 있는
      거 아닌가?

으뜸 또 잔소리 시작이다. 자꾸 그러면 다음부턴 안 도와줄 거야.

엄마 알았어, 능력자 으뜸 씨! 다음에도 잘 부탁해.

* **으뜸** 세상에서 최고

28

내 마음

나는 뭐든지 할 수 있어요. 그것도 시시한 거 말고 사람들이 "우와" 하고 놀랄 만한 것들을요. 내 능력을 아직 보여주지 않아서 그렇지 하면 정말 잘한답니다. 요즘 나는 너무나도 하고 싶은 일이 많아서 고민일 정도지요.

나는 성인이 되면 부자가 될 거예요. 시시한 부자 말고 세계에서 손꼽히는 부자 말이에요. 하지만 그냥 돈만 많은 부자는 덜 멋있잖아요? 나는 명예로운 부자가 될 거예요. 세상에 꼭 필요한 기술을 만들어낼 거거든요. 어떤 기술을 만들까 요즘 한창 궁리 중이에요. 가장 관심이 가는 기술은 바로 '순간 이동 능력'이에요. 원하는 곳으로 한순간에 이동해서 갈 수 있는 능력 말이에요. 장소가 어디든, 과거든 미래든 원하는 대로 이동하는 능력을 개발할 거예요. 사람들이 무척 좋아하겠죠? 나는 세상에서 손꼽히는 멋진 발명가가 될 거예요. 인간의 수명을 늘리는 일도 하고 싶어요. 아프지 않고 200살까지 살 수 있게 말이에요. 난 하고 싶은 일이 정말 많답니다. 그 일들을 이뤄냈을 때 사람들이 얼마나 존경스러운 눈으로 나를 바라볼지 정말 기대돼요.

내 꿈을 이루기 위해서 우선 좋은 대학에 가야겠죠? 지금부터 공부를 열심히 한다면 가능할 거예요. 꿈을 위해서 열심히 노력할 거예요. 정말 능력 있고 존경받는 사람이 될 거랍니다. 미래의 내 모습을 생각하면 너무 기대가 되고 기분이 좋아져요. 사람들이 나를 우러러보는 모습을 생각하면 너무나도 행복하답니다. 이 세상에 태어났으니 세상을 이롭게 할 만한 일을 해야겠어요. 어떤 것들이 사람들에게 필요한지 살펴보고 도와줄 거예요. 부자이면서도 가난한 사람들을 도와주는 노블레스 오블리주(noblesse oblige)높은 신분에 따르는 도덕적 의무를 실천하고 싶어요. 내 이름을 널리 알릴 수 있는 능력자가 될 거예요. 나는 충분히 그럴 수 있어요. 나에겐 무궁무진한 가능성이 있으니까요.

유능

- 뭐든지 할 수 있음.
- 능력이 뛰어나 유명해지고 존경받는 사람이 됨.

마음
사전

우리 마음

★ 꿈은 가능한 한 크게

마음이는 무한한 가능성을 가지고 있습니다. 무엇이든 될 수 있는 아주 능력 있는 사람이에요. 생각은 크게 하세요. 생각에 제한을 둘 필요는 없어요. 세상을 누비며 마음이의 생각을 맘껏 펼치는 상상은 정말 행복하죠. 자신이 할 수 있는 것을 스스로 포기하지 않아도 됩니다. 관심이 가는 분야는 어디든 두드려 보세요. 마음이의 가능성을 크게 키워줄 거예요. 처음부터 부정적인 생각은 나를 키우지 못해요. 나의 가능성을 활짝 열어두세요.

부자가 되어서 어려운 사람들을 돕고 싶다는 생각은 정말 훌륭해요. 자신의 이익만을 추구하면서 사는 사람도 많잖아요. 마음이는 확실히 능력자가 맞아요. 그것도 굉장히 의식 수준이 높은 능력자군요. 이 외에도 마음이가 꿈꾸는 것들 중에 진짜 근사한 게 많을 거예요. 세상을 긍정적이고 아름답게 만들어가고자 하는 마음이의 열정이 정말 멋집니다. 마음이와 생각을 나누는 것만으로도 미래가 정말 밝아질 거 같아 기대가 돼요. 마음이는 미래를 이끌어갈 세대잖아요. 무엇이든 할 수 있는 가능성이 무궁무진하기에 진실로 아름답습니다. 마음이가 꿈꾸는 대로 되었으면 좋겠어요. 마음이의 성공과 성취를 진심으로 응원합니다.

★ 행동은 작게 나눠서

그런데 말이에요. 꿈을 이루려면 구체적으로 어떤 분야에서 능력을 발휘할 것인지 살펴볼 필요가 있어요. 어떤 노력을 통해서 꿈을 이룰지 말이에요. 꿈은 거대하게 꿀수록 좋아요. 다만 그 꿈을 이루기 위한 행동은 작고 구체적일수록 좋습니다. 작은 단계의 목표, 내가 할 수 있는 행동들부터 하나씩 해나가는 거예요. 조금씩 행동하면 발전하는 모습이 눈에 띄게 드러나지 않아 답답할지도 몰라요. 이렇게 조금씩 발전해서 언제 목표에 도달할지 고민도 될 거예요. 하지만 작은 걸음부터 시작하면 됩니다. 이 작은 걸음이 언젠가 마음이가 큰일을 실행할 때 분명 도움이 될 거예요.

작은 목표를 세워 행동하되, 그 행동의 분야는 다양할수록 좋아요. 분야를 구분하지 말고 이것저것 다 해보는 거예요. 현실적으로 내가 할 수 있는 일부터 행동으로 옮기는 겁니다. 부자가 되고 싶다면 당장 내 용돈 관리부터 시작해보세요. 한 달 용돈을 주 단위로 나누고, 일 단위로 쓸 수 있는 돈을 계획하는 겁니다. 용돈을 아낄 수 있는 방법을 생각해서 실천해 봐요. 중요한 것은 이런 노력을 꾸준히 하는 겁니다. 이렇게 돈에 대한 공부를 하다가 관심 있는 분야가 생기면 그 분야로 옮겨 가요. 그리고 새 분야에 다시 몰입하세요.

이렇게 관심 있는 분야들을 쌓아가다 보면 내가 관심 있어 몰두했던 분야들이 내 시드 머니(seed money)가 되어줄 겁니다. 관련 없어 보이던 것들이 어느 순간 서로 연결되는 놀라운 경험을 하게 될 거예요. 작은 투자가 빛을 발하는 거죠. 작기 때문에 쉽게 이뤄낼 수 있어 마음이의 성취감을 높이는 데도 도움이 될 거예요. 꿈을 이뤄가는 일을 미루지 말고 작은 행동들을 통해 지금 당장 시작해 보세요.

04 무능한 내 모습이 너무 초라해요

로다 엄마, 이 문제 아무리 풀어도 모르겠어. 이것 좀 봐봐.

엄마 네 수학 문제를 엄마가 어떻게 아니? 개념 배운 거에서 나왔 겠지. 여러 번 풀어봤는데도 모르겠어?

로다 벌써 세 번이나 풀었는데 전혀 감을 못 잡겠어. 난 수학에 재 능이 없나 봐. 다른 애들은 최상위 문제도 척척 풀어내던데 나는 왜 이러지? 진짜 멍청한 거 같아.

엄마 왜 그런 말을 해? 엄마가 너 멍청하게 낳지 않았거든. 혹시 딴생각하면서 푼 거 아닌지 생각해 봐.

로다 아니야. 개념을 몇 번을 넘겨봐도 모르겠어. 난 왜 이 모양이 지? 이 정도 기본 문제집도 못 풀면 완전 가능성 없는 걸 거 야. 난 수학이랑은 안 맞나 봐. 못하겠어. 짜증 나.

* **로다** 기다리던 아이가 바로 너

내 마음

나는 진짜 잘하는 게 하나도 없어요. 평균만 돼도 좋겠는데 그것도 아니에요. 남보다 나은 게 하나도 없는 나 자신이 너무 싫어요. 남들이 쉽게 푸는 문제도 풀지를 못해요. 남들보다 몇 번이나 더 들여다보고 노력하지만 안 되더라고요. 머리가 안 좋게 태어난 거 같아요. 그래서 뭔가를 새롭게 해야 하는 상황은 피하고 싶어요. 괜히 못하는 게 들통나면 안 되잖아요. 아무리 노력해도 안 되면 나에게 진짜 실망할 거 같아서요. 창피하기도 하고요. 못하니까 아무것도 안 하고 싶어요.

어떻게 하면 잘할 수 있을까요? 학원도 다녀보고 과외도 해봤지만 소용이 없었어요. 선생님들은 기초가 부족해서 그렇다고 하는데 못 믿겠어요. 노력하다 보면 점점 더 잘하게 될 거라는데 과연 가능성이 있을까요? 사실 초등학교 때 내가 공부를 안 한 것도 아니에요. 저학년 때는 100점도 자주 맞았는걸요. 기초가 없다는데 어떤 기초를 말하는지 도저히 모르겠어요. 그냥 내가 멍청하고 능력이 없는 아이라는 걸 좋게 돌려서 말한 거겠죠. 아이한테 그런 말을 대놓고 하기는 미안해서요.

노력해도 안 될 것 같으면 차라리 안 하는 척하고 싶어요. 그러면 덜 창피하잖아요. 안 해서 못하는 거지 멍청해서 못하는 게 아니니까 나를 우습게 보지도 않을 거고요. 그렇게라도 하지 않으면 견딜 수가 없어요. 내 무능함을 친구들이 알까 봐 너무 무섭거든요. 부모님이 나에게 실망하는 것은 더더욱 싫고요. 그래서 시작만 하면 잘할 수 있다는 허세로 나를 감싸요. 그렇게라도 하지 않으면 두려운 내 마음을 들킬까 봐 겁이 나요. 다른 아이들처럼 머리가 빨리 돌아가서 똑똑해지는 건 바라지도 않아요. 그저 내 멍청함을 들키지만 않았으면 좋겠어요.

우리 마음

✳ 가능성은 누구에게나 열려 있다

우리가 학교에서 배우는 교육 과정은 누구를 대상으로 할까요?
우리 반 1등 친구나 지능 검사에서 상위 몇 프로 안에 드는 영재들
을 대상으로 계획되었을까요? 아니에요. 학교 교육 과정은 교실
에서 보통이라고 불리는 친구들을 대상으로 설계되었어요. 즉, 우
리가 배우는 것들은 보통의 능력을 가진 학생이면 누구나 다 익힐
수 있는 수준이라는 말입니다. 이 이야기를 들으니 더 실망스럽다

고요? 내가 중간 이하라는 말인가 싶어서 깜짝 놀랐을 수도 있겠네요. 물론 중간 이하의 능력을 가진 친구도 분명히 있어요. 하지만 그런 친구라도 노력하면 중간 정도의 성취는 충분히 이뤄낼 수 있어요. 그리고 모두 다 할 수 있는 거라면 나라고 못하지 않을 거예요.

신세 한탄을 하는 글을 읽어보니 사연의 주인공인 마음이가 상당히 똑똑한 친구일 거라는 확신이 들어요. 자신의 무능함을 감추기 위해서 안 하는 척을 하는 건 굉장히 고단수의 방법이거든요. 쉽사리 생각해낼 수 있는 방법이 아니에요. 이 정도로 고민을 하는 친구라면 멍청해서 못하는 것은 아닐 거 같네요. 자신의 위치와 어려움을 제대로 파악하고 있고, 주위에서 갖는 기대치에 대한 부담감을 알고 있잖아요. 게다가 거기에 대한 해결책도 나름 세웠고요. 머리가 나쁘거나 무능하다면 이런 식으로 해결할 수 없었을 거예요. 자신을 그럴싸하게 포장할 수 있는 거니까요. 그럼 도대체 무엇이 문제일까요?

✳ 머리 탓을 하기 전에

우리가 무언가를 성취해내는 데는 많은 것들이 작용해요. 마음이가 말한 머리 즉, 아이큐(IQ)도 필요하겠지요. 그런데 성취를 이루는 데 아이큐만 영향을 주는 것은 아니에요. 오히려 지능보다 중요한 것이 있는데, 바로 자신감이에요. '호랑이 굴에 들어가도 정신만 바짝 차리면 산다'고 하잖아요. 그런 자신감 말이죠. '내가 저걸 할 수 있겠다'라는 생각은 자신감을 줘요. 그래서 어떻게든 문제에 도전하게 하죠.

반면 '나는 못 해'라는 생각은 내가 충분히 해결할 수 있는 문제조차 생각하지 못하게 만들어요. 마음이는 주어진 수학 문제를 풀 때 어떻게든 풀 수 있다는 생각으로 시작했나요? 아닐 거예요. '나는 수학을 못해. 이 문제도 아마 못 풀 거야'라는 마음이 컸을걸요. 하지만 그런 두려운 마음으로 시작한 일은 잘 풀릴 수가 없어요. 이미 나는 무능하다고 생각하고 있기 때문에 길이 안 보이는 거죠. 최선을 다해서 해보려고 시도조차 하지 않았잖아요. 남들은 쉽게 이루는 성과처럼 보이겠지만, 결코 그렇지 않아요. 누구나 안 될 때가 있고 막히는 부분이 생기죠. 그럴 때 포기하느냐 끝까지 하느냐의 차이예요. 끝까지 매달려 반복해서 문제를 풀다 보면 풀리는 문제도 많아요. 하지만 마음이는 어땠나요? 지레겁을 먹고 시도조차 하지 않았죠. 나는 어차피 못한다는 생각이 이렇게 무서운 겁니다.

할 수 없다고 말하기 전에 나 스스로 할 수 있는 가능성을 내려놓은 것은 아닌지 생각해 보세요. 마음이의 그 생각이 한계를 만들었을 가능성이 있어요. 그 한계가 도전할 수 있는 기회를 빼

앗죠. 자신을 어떤 눈으로 바라보느냐가 중요합니다. 할 수 있다는 생각으로 성실하게 노력해보고 나서 결과를 살펴보세요. 설사 해내지 못했더라도 노력이 쌓여 발전했다는 것을 느낄 수 있을 거예요. 그 노력이 훗날 성취를 이루는 발판이 될 거고요. 힘껏 해보지도 않고 머리 탓만 하는 일은 그만두세요. 스스로 자신을 초라하게 만드는 방법일 뿐이랍니다.

05 모든 게 귀찮아요

사전적 정의 **귀찮다** 마음에 들지 않고 번거롭거나 성가시다.

엄마 늘찬아, 산책 갈래?

늘찬 아니, 싫어.

엄마 산책 갔다 간장게장 먹으러 가자.

늘찬 움직이기 싫어.

엄마 매번 외출 안 한다고 투덜대더니. 너 주말에 집에만 있는 거 싫어했잖아?

늘찬 그냥 다 귀찮아.

엄마 우리 아들이 뭐가 그렇게 귀찮을까?

늘찬 엄마, 나 좀 그냥 내버려 둬. 말도 그만 시켜.

엄마 별난 녀석일세. 너 밥은 어떻게 하려고 그래?

늘찬 내가 알아서 할게. 주말엔 좀 늘어져서 쉬게 놔둬. 뭘 꼭 안 해도 되잖아.

* **늘찬** 언제나 옹골찬

42

내 마음

요즘 내가 좀 이상해요. 모든 게 다 귀찮아요. 예전에는 놀러 다니는 걸 참 좋아했거든요. 요즘은 안 그래요. 한번 누우면 일어나기가 싫고, 멍하니 누워서 아무것도 안 하는 게 제일 좋아요. 엄마는 이런 나를 보면 매일 잔소리해요. 할 일이 얼마나 많은데 왜 아직도 누워 있냐고요. 엄마는 매번 뭘 그렇게 하라고 하는지 모르겠어요. 그냥 날 가만히 놔뒀으면 좋겠어요. 엄마의 잔소리를 듣는 것도 싫고, 대답하는 것도 귀찮아요.

아무것도 안 하고 있으면 안 되나요? 꼭 바쁘게 움직여야 되나요? 주말이면 아무 데도 안 가고 내 방에 누워 간식 먹으면서 뒹굴뒹굴하고 싶어요. 그 시간이 제일 좋아요. 평일에 아침부터 저녁까지 학교 갔다 학원 갔다 충분히 바빴잖아요. 주말에라도 나를 가만히 놔뒀으면 좋겠어요.

뭘 해야 한다는 사실이 너무 버거워요. 가만히 있는 게 너무 좋아요. 소파에 누우면 일어나기 싫고, 식탁에 앉으면 자리 옮기기가 귀찮아요. 하고 싶은 것도 없고, 가고 싶은 곳도 없어요. 친구들 만나는 것도 귀찮고, 가족 여행도 별로예요. 뭔가를 위해서 열심히 움직여야만 하는 게 나에게는 너무나 큰 압박이에요. 아무도 나에게 무언가를 강요하지 않았으면 좋겠어요. 자유롭게 내가 하고 싶은 대로 하게 놔두면 안 되나요? 멍 때리기 대회도 있다는데, 그런 데 나가면 아마 내가 일 등일 거예요. 오래오래 멍 때리고 아무것도 안 하고 있을 자신 있거든요. 물론 그런 대회도 신청하고 나가야 하니 귀찮아서 참가할 생각도 없긴 하지만요. 관계도 행동도 모두 다 귀찮은 내가 이상한 건가요?

귀찮다	 ㅡ 아무것도 하고 싶지 않다. 손가락 하나 꿈쩍하기 싫다. ㅡ 하고 싶은 것이 하나도 없고 움직이기도 싫다.
마음 사전	

우리 마음

✳ 귀차니즘

마음이는 작년에 비해서 키가 얼마나 자랐나요? 아마 꽤 컸을 거예요. 키도 몸무게도 쑥쑥 자라는 성장기니까요. 맞아요, 마음이는 지금 신체적으로 엄청난 변화가 일어나는 급성장기에 있어요. 이 시기에 마음이는 키도 크고 몸무게도 늘어나요. 또한 2차 성징이라고 해서 여성과 남성으로서 필요한 기능들을 갖추느라 많은 에너지를 쓰고 있지요.

　몸만 자라는 게 아니에요. 보이지는 않지만 뇌도 엄청난 속도로 발달하고 있어요. 지금 뇌는 이제껏 마음이가 경험했던 것들을 잘 정리해서 공간을 새로 구성하고 있는 중이에요. 필요 없는 부분은 잘라내고 많이 쓰는 영역은 늘리지요. 뇌가 가지치기를 하는 동안은 엄청 피곤하기 때문에 주의력이 낮아질 수 있어요. 신경 쓸 곳이 많으니 한곳에 집중해서 과제를 완성하는 데 어려움이 생길 수 있답니다. 한 가지를 꾸준히 하기 어려워하거나 다소 산만해 보이기도 하죠. 모두 사춘기의 급격한 변화 때문에 일어나는 자연스러운 현상이에요.

사춘기에는 에너지가 많이 필요해요. 신체적으로 자라고, 2차 성징이 일어나고, 뇌도 가지치기를 하느라 바쁘죠. 그러니 마음이가 얼마나 피곤할지 감이 오나요? 이유 없는 게 아니라 급성장하느라 너무 피곤해서 귀찮은 거예요.

✳ 귀차니즘에서 벗어나려면

지금은 아마 귀차니즘에서 벗어나고 싶은 생각도 안 들 거예요. 이 순간 편안하게 쉬고 싶다는 생각만 들지요. 마음이가 아무것도 안 하고 쉬는 것 같아도 뇌와 몸은 쉴 새 없이 활동하고 있어요. 그러니 혹시 엄마가 잔소리하시면 "나도 열심히 자라는 중이라 힘들어서 그래"라고 당당하게 말하세요. 위로하려고 하는 말이 아니라 진짜 그래요.

　대신 내 몸이 성장 에너지를 잘 쓸 수 있도록 도와주세요. 좋은 것을 많이 먹고 푹 자는 거예요. 가끔 햇볕도 쐬고 산책을 하면서 기분 전환도 해주세요. 내 몸에게 "고생이 많다" 하며 편안하게 해주는 거죠. 가만히 침대에 누워만 있다고 해서 잘 쉬는 게 아니에요. 좋은 것을 먹이고 잘 쉬게 해주면서 내 몸을 귀하게 대해주세요. 모든 것이 귀찮을 만큼 애를 쓰고 있는 나 자신에게 좋은 것들을 선물해주자고요.

　그런데 요즘은 쉰다는 것의 의미가 달라진 것 같아요. 쉰다면서 한 손에 스마트폰을 들고 인터넷 검색을 한다거나 유튜브를 봐요. 게임을 하면서 쉰다는 친구들도 많아요. 할 일 없이 스마트폰 검색을 하다 보면 시간이 훌쩍 지나가버리죠. 쉰다고 쉬었지만 몸이 가뿐하지 않고 뭔가 찌뿌둥할 거예요. 아무것도 안 했는데 피곤한 상태라고 할까요? 스마트폰을 하면서 눈도 피곤하고 정신도 산만해진 거죠. 다 귀찮다고 하지만 스마트폰만은 포기하지 못하는 마음도 이해합니다. 친구들과 만나지 못할 때는 그거라도 해야 소통이 된다는 것도 알아요. 그런데 그건 쉬는 것도 아니고 활동하는 것도 아니에요.

　모든 게 귀찮을 때는 에너지가 부족해서 그런 거예요. 그럴 때는 과감하게 스마트폰도 내려놓고 정말 완전하게 쉬세요. 아무것도 하지 말고 몸과 뇌에 휴식을 주세요. 그것이 귀차니즘에 젖은 내 몸을 위해 할 수 있는 최고의 선물입니다. 쉴 때는 진짜 아무 생각 없이 푹 쉬어주세요. 마음이의 에너지가 조금이라도 모일 수 있도록 말이에요. 에너지가 모아지면 귀차니즘에서 벗어나기가 한층 쉬워집니다.

<u>06</u>

나도 열정이 있어요

🗡

**사전적
정의**   **열정** 어떤 일에 열렬한 애정을 가지고 열중하는 마음.

엄마 새길아, 밥 먹어.

새길 ……

엄마 새길아, 뭐 해? 밥 먹으라는데 안 들리니?

새길 엄마, 잠깐만! 이것만 하면 돼.

엄마 이 녀석이 맨날 잠깐만이래. 너 빨리 게임 안 끝낼래?

새길 곧 끝나. 지금 거의 다 이겼는데 가만히 있어 봐.

엄마 눈이 아주 튀어나오겠다. 공부를 좀 그렇게 해 봐.

새길 엄마가 자꾸 말 시키니까 집중이 안 되잖아!

엄마 핸드폰 뺏기 전에 빨리 나와.

새길 밥 조금 있다 먹는다고 큰일 나? 이 게임은 지금 끝내면 안
돼. 나가 있어, 엄마. 이번 판만 끝내고 나갈게.

* **새길** 새로운 길을 개척하다

50

내 마음

모든 것에 흥미가 없고 지루하고 귀찮은 나지만, 딱 한 가지 포기할 수 없는 게 있어요. 바로 친구들과 함께 하는 게임이죠. 하루의 피로를 풀어주는 휴식 시간이랍니다. 매일 학교에 학원에 진짜 지치거든요. 공부 얘기만 하는 엄마랑은 대화하기가 힘들어요. 숨막히는 일상에서 벗어나는 유일한 시간이 친구들과 함께 하는 시간이에요. 그런데 실상 친구들과 만나는 시간은 아주 짧아요. 쉬는 시간이나 점심시간에 잠깐 노는 게 다잖아요. 학원에서 만나긴 해도 맨날 공부하느라 농구 한 판 할 시간이 없어요.

친구들이랑 게임할 때 나는 너무 신나고 힘이 솟아나요. 엄마는 게임할 때만 내 눈빛이 살아 있는 것 같대요. 그럴 수밖에 없잖아요. 게임이 제일 재미있으니까요. 친구들과 게임을 할 수 없을 때는 혼자서라도 게임을 해요. 학원 때문에 친구들과 함께 놀 시간이 별로 없거든요. 스트레스를 풀려고 게임이라도 하는 거예요. 그것 말고는 나를 기분 좋게 하는 일이 없어요. 게임은 친구들하고 만나서 노는 것만큼 재미있어요. 처음에는 어렵긴 한데 차차 점수를 높여가는 재미가 있거든요. 매일매일 게임에 접속해서 높아져가는 점수를 보고 있으면 신나서 열심히 하게 되죠. 게임은 레벨업되는 게 눈에 보이니까 진짜 재미있어요. 나에게 이런 열정이 있었나 싶다니까요. 이렇게 재미있는 걸 어떻게 끊겠어요. 한번 시작하면 빠져나오기가 쉽지 않아요.

사실 친구들이랑 있을 때도 게임을 빼면 할 얘기가 별로 없어요. 애들도 재미있는 게 없거든요. 맨날 학교에 학원에 시험에 지루해 죽겠어요. 하루하루 늘 시들하고 재미없는데 게임은 내가 살아 있는 기분을 느끼게 해줘요. 성장하는 내 모습이 정말 자랑스럽죠. 그래서 게임을 하루라도 거를 수가 없어요. 게임은 내가 살아 있음을 알려주는 도구 같아요.

열정	
마음 사전	▪ 게임을 하면서 내가 레벨업이 되었을 때 살아 있음을 　느끼게 해줌. ▪ 나의 존재 가치를 확인할 때 마음에서 솟아오르는 　기분 좋은 상태.

우리 마음

❎ 게임할 때 살아나는 열정

게임을 할 때 살아 있는 걸 느낀다니 일단 좋아요. 어떤 순간이라도 자신에게 의미 있는 시간이 존재한다는 건 좋은 거죠. 그런데 그게 왜 하필 엄마가 질색하는 게임일까요? 게임 때문에 스마트폰을 부쉈다는 집도 많아요. 부모님의 끊임없는 감시로 관계가 안 좋아진 가정도 있고요. 엄마 아빠가 치를 떠는 게 게임이죠. 왜 하필 게임을 할 때 자신의 존재 가치를 느끼는 걸까요?

　사람은 누구나 잘하고 싶은 욕망이 있어요. 마음이도 그렇겠죠. 지루하고 힘든 공부지만 만약 게임처럼 결과가 눈에 즉시 보인다면 달라졌을 거예요. 한번 해보자 하는 마음이 생겼겠죠. 나도 이만큼 잘한다는 걸 보여줄 수 있을 테니까요. 하지만 공부는 아니에요. 아무리 파고들어도 단기간에 실력이 확 오르지는 않잖아요. 하지만 게임은 다르죠. 열심히 하는 만큼 점수가 올라가고, 매일매일 성실하게 로그인하면 그것도 인정해주지요. 마음이가 실제로 얼마나 성실하고 괜찮은 사람인지 게임의 점수가 말해주는 듯해서 할수록 신이 나지요. 친구들에게 인정받는 기분도 짜릿하고요. 친구들과 신나게 웃고 얘기하면서 게임을 하다 보면 살만하다 싶을 겁니다. 인생의 맛이라는 게 느껴졌을 거예요. 공부만 했을 때보다 훨씬 짜릿한 경험을 많이 하게 되었겠죠.

그래서 게임이 더 매력 있을 거예요. 게임에서는 '나'라는 존재가 노력한 만큼 성장하는 게 보이니까요. 매일 접속해서 레벨업할 때의 성취감을 누가 이해할 수 있을까요? 공부하면서 받았던 스트레스가 한꺼번에 날아가는 듯한 기분이 들 거예요. 어른들 중에도 게임에 몰입하는 사람들이 많잖아요. 한 번만 해보면 엄마도 마음이를 충분히 이해하게 될 텐데, 엄마가 게임을 안 해봐서 그 기분을 모르는 게 정말 답답할 거예요.

✪ 공부에서 열정을 살리려면

문제는 게임을 하는 시간이에요. 아무리 즐겁고 행복해도 언제까지나 게임만 하고 있을 수는 없어요. 지루하고 재미없지만 반드시 해야 할 일들이 있죠. 마음 같아서는 언제까지나 미루고 안 하고 싶겠지만 그럴 수는 없어요. 공부를 아예 포기하고 게임만 하면 안 되잖아요. 친구들하고 대화가 안 통하니까요. 친구들이 공부 얘기할 때 아무 말도 못 하고 있으면 기가 죽어요. "쟤는 게임은 잘하는데 공부는 별로야"라는 평가는 받고 싶지 않을 거예요. 학교에서 존재감을 가지려면 공부도 포기할 수 없는 부분이죠.

　게임의 열정을 공부나 일상으로 가져올 수 있는 방법이 있었으면 좋겠지요? 그럼 마음이도 공부에 도전하고 싶은 마음이 생길 텐데요. 진짜 방법이 없을까요? 한 가지 방법을 알려줄게요. 게임의 레벨업을 공부에 적용시켜 봐요. 내가 오늘 할 공부의 작은 목표를 세우는 거예요. 목표를 달성할 때마다 계획표에 표시를 하는 거죠. 한 부분과 해야 할 부분이 명확하게 차이가 나게요. 공부를 게임처럼 만들어서 눈으로 보이는 목표를 하나씩 채워나가는 거죠. 그냥 하는 것보다 동기가 생기지 않겠어요? 친구와 함께 공부 목표를 정해서 나누는 것도 좋은 방법이에요. 같이 공부량을 정해서 비교하고 모르는 부분을 공유하는 거죠. 친구가 모르는 부분을 설명할 때의 그 짜릿함은 게임에서 느끼는 쾌감 못지않을 거랍니다.

　　이런 경험이 하나둘 쌓여 나도 공부에서 뭔가 해낼 수 있는 사람이라는 생각이 들면 달라질 거예요. 자신감이 더 생기게 되죠. 일상에서 열정이 살아나는 느낌은 정말 행복해요. 게임 속에서만 빛나던 캐릭터였던 내가 생활에서도 빛날 수 있으니까요. 그 기쁨을 누리기 위해서 게임에서 했던 기법들을 일상생활로 가지고 와보세요. '공부에 재미를 느껴서 열심히 한다'는 말을 이해하는 순간이 올 거예요. 소수의 아주 특별한 학생들만 느껴보는 그 감정을 나도 느낄 수 있게 될 거예요. 나는 내가 생각하는 나보다 훨씬 가능성이 큰 사람이에요. 공부에서 열정을 찾을 수 있고, 공부를 잘할 수 있어요. 그 가능성을 미리 포기하지 마세요. 게임에서 레벨업을 통해 느꼈던 열정을 일상에서도 느낄 수 있답니다.

07 게임이나 취미에 몰입할 때 행복해요

사전적 정의 〉 **몰입** 깊이 파고들거나 빠짐.

엄마 늘솜아!

늘솜 …….

엄마 늘솜아, 내 말 안 들려?

늘솜 엄마, 나 불렀어? 그림 그리느라 못 들었네.

엄마 게임하느라 그랬겠지.

늘솜 내가 맨날 게임만 하는 줄 알아? 오늘은 그림 그렸어.

엄마 게임하느라 못 듣는 줄 알고 화낼 뻔했네. 그림이 그렇게 재미있어?

늘솜 그림 그릴 땐 시간이 어떻게 가는지 모르겠어. 시간이 훌쩍 가버린다니까. 너무 오래 그렸나 봐. 이제 쉬면서 게임 한판 해볼까?

엄마 이 녀석이!

* **늘솜** 언제나 솜씨가 좋은

내 마음

나는 그림 그리기를 참 좋아해요. 어릴 때부터 끄적끄적 그리는 걸 좋아했어요. 붓에 물감을 묻혀서 그림을 그릴 때면 마음이 평화로워지는 기분이에요. 일러스트를 그리는 것도 좋아해요. 지금까지 산 일러스트 책이 몇 권인지 몰라요. 좋아하는 펜으로 그림을 그리고 색을 칠하다 보면 세상이 참 평온해요. 그리는 일에 집중하다 보면 몇 시간이 훌쩍 지나가 버려요. 시간에 쫓기지 않고 여유롭게 그림 그리는 시간이 정말 행복해요. 엄마는 그림 그리는 나를 참 예뻐하셨어요. 미술 대회에서 상을 받은 이후로는 더 그랬죠.

그런데 어느 순간부터 할 일이 너무 많아졌어요. 학교에 학원에 너무 지치는 거예요. 그림 그릴 시간도, 에너지도 없어졌어요. 주말에는 시간이 있긴 하죠. 하지만 주말에는 아무것도 안 하고 싶어요. 일주일 동안 열심히 달려서 에너지가 거의 남아 있지 않아요. 주말에 뒹굴뒹굴하면서 유튜브를 보는 게 내 유일한 휴식이에요. 개운하게 쉰 거 같진 않지만, 뭔가 해야 할 의무가 없다는 것만으로도 좋아요.

그런데 얼마 전에 엄마가 스크래치 페이퍼를 사다 주셨어요. 스크래치 기법으로 유럽의 명소를 그려내는 거였죠. 오랜만에 그림을 그리니 갑자기 너무 기분이 좋은 거예요. 10시에 시작했는데 1시까지 꼬박 세 시간을 집중해서 완성했어요. 너무 좋았어요. 비스듬히 누워서 유튜브를 볼 때랑은 전혀 다른 기분이었어요. 오랜만에 '잘 놀았다'라는 생각이 들었어요.

이제 주말이면 가끔씩 그림을 그려볼까 해요. 내가 이렇게 행복하게 몰입할 수 있는 걸 찾아서 너무 좋거든요. 제대로 한 것도 없이 시간만 갔던 다른 주말과는 다른 느낌이었어요. 자주 이런 시간을 나에게 선물로 줘야겠어요. 행복하고 즐거운 일은 순식간에 지나가잖아요. 이제 나도 좋아하는 작업을 하면서 그 순간을 즐기고 싶어요. 내가 즐길 수 있는 그림이 있어서 너무 행복해요. 그림 말고도 나를 흠뻑 빠져들게 하는 것이 무엇이 있을지 기대돼요. 가슴 뛰게 하는 일을 많이 찾고 싶어요. 그것이 나를 행복하게 하니까요.

━ 하고 있으면 너무 기분이 좋고 행복해져서 금세 시간
이 지나가버림.

우리 마음

✦ 어떤 것에 몰입하게 되나요?

그림을 그릴 때 행복하군요. 시간 가는 줄도 모르겠고요. 이런 상
태를 '물아일체(物我一體)'라고 해요. 물질세계와 정신세계가 하나
가 되는 경험이죠. 이런 경험은 누구나 한 번쯤 해본 적이 있을 거
예요. 처음 해보는 일이나 재미있는 일을 할 때 잠깐 집중한 것 같
은데 몇 시간이 훌쩍 지나 있어 놀랐던 적 말이에요. 그 일에 온 정
신을 쏟아서 집중하는 상태, 그게 바로 물아일체의 경험이죠. 재
미있는 만화나 영화를 보거나 유튜브 영상을 볼 때 시간이 금세

지나가잖아요. 게임을 할 때도 마찬가지고요. 이럴 때 우리는 몰입을 경험하게 돼요.

엄마는 공부에 몰입하라고 하시지만 그건 사실 쉽지가 않아요. 공부에는 별로 흥미를 느끼지 못해요. 공부 말고도 다른 몰입할 것들이 많은데, 꼭 지루하고 시간도 안 가는 공부에 몰입을 해야 하나 싶잖아요. 엄마도 학교 다닐 때 문구 모으는 게 취미였다면서요. 시험 보기 전에 책상 정리를 한나절 해서 매번 혼났다고 했잖아요. 그랬으면서도 왜 마음이의 상황을 이해하지 못하는지 서운하기도 할 거예요. 모든 사람이 공부에만 집중할 수는 없을 텐데, 공부 말고 집중하는 것을 찾으면 안 되는 걸까요? 마음이가 몰두하는 것을 찾는 게 중요하다는 걸 알아줬으면 좋겠죠.

마음이는 무엇을 할 때 재미있나요? 어떤 것에 몰입하게 되나요? 매번 게임에만 몰입하는 것 같아서 엄마가 걱정이 많으시죠. 친구들의 SNS를 보는 데 몰입하는 친구들도 마찬가지예요. 엄마는 왜 쓸데없는 것에 시간을 쓰냐고 잔소리하시지만, 그건 엄마가 모르고 하는 말이에요. 쓸데없지 않아요. 마음이에겐 아주 중요하죠. 친구들이 요즘 무엇에 관심이 있는지, 어디를 다녀왔는지 알아둬야 해요. 그래야 대화거리가 생기거든요. 요즘은 게임이나 SNS를 안 하면 친구랑 대화가 안 돼요. 다 이유가 있어서 보는 건데 엄마는 이해를 못 하죠. 엄마가 걱정하는 것과 다르게 마음이는 이미 많은 몰입 경험을 갖고 있을 거예요. 엄마가 쓸데없다고 생각하는 것들 위주로 말이에요. 엄마랑은 세대 차이가 많이 나서 어른들이 마음이 세대를 이해하기는 어려울 거예요. 사춘기에는 공부 말고도 신경 써야 할 게 많은데, 어른들은 그걸 모르시는 것 같죠. 잔소리도 정말 귀찮고요. 하지만 친구들과 함께 조금씩 좋아하는 것들을 찾아가고 있으니 괜찮아요. 게임과 SNS 말고 마음이가 집중해본 것은 어떤 것들이 있나요? 잘 생각해 보세요. 거기에 아주 중요한 비밀이 숨겨져 있거든요.

✈ 몰입하는 것이 직업이 된다

마음이가 몰입하는 분야를 찾아야 하는 이유가 있어요. 본인의 관심사를 찾기 위해서예요. 마음이가 재미있게 하는 게 무엇인지를 통해 좋아하는 것을 알 수 있어요. 친구들과의 대화를 위해서 하는 게임이나 SNS 말고, 마음이가 혼자 있을 때 하게 되는 것이 무엇인가요? 하고 있을 때 마음이 편안해지는 것을 생각해 보세요. 마음이가 물아일체의 경지에 이르는 것을 많이 찾아둬야 해요. 그것이 마음이가 진짜 좋아하는 일을 찾는 데 도움이 될 거예요. 늘 솜이 같이 그림을 그리는 데 몰입하는 친구라면 미래에 그림 그리는 일을 직업의 바탕으로 하면 좋겠죠? 그걸 하면서 행복을 느끼니까요. 직업으로 이어지지 못한다 해도 걱정하지 말아요. 취미로 연결해도 돼요. 직업을 갖고 일하는 것만큼 살아가면서 취미 생활도 엄청 중요해요.

마음이가 살아갈 미래 세상은 한 가지 직업만으로 평생 살지 못한대요. 한 사람이 10개 정도의 직업을 바꿔가며 살아야 한다고 해요. 마음이가 다양한 직업을 바꿔가며 적응하기 위해서는 다양한 관심사와 능력이 필요할 텐데, 그 관심사를 찾을 수 있는 것이 바로 본인이 몰입하는 분야랍니다. 마음이가 무엇을 할 때 즐겁고 행복한지 많이 찾아두면 그것들이 마음이의 토양이 되어줄 거예요. 늘솜이처럼 그림을 계속 그린다고 쳐요. 취미로 그린 그림이 나중에 늘솜이가 가지는 직업의 바탕이 될 거예요. 늘솜이가 교사가 된다면 그림으로 브레인스토밍을 할 수 있는 교사가 되겠죠. 공무원이 된다면 사업을 디자인하고 포스터를 만들 때 그림 솜씨가 도움이 될 거예요. 이렇게 하나하나 마음이가 몰입했던 것들이 마음이의 삶에 있어서 필요한 능력이 될 거예요.

망설이지 말고 다양한 분야에 도전해보고, 그 분야들 중에서 내가 집중할 수 있고 즐겁게 몰입이 되는 것들을 찾으세요. 몰입의 경험은 현재의 행복감과 더불어 마음이의 인생에 많은 것을 선물할 거예요. 다양한 분야, 새로운 영역에 도전해 보세요. 겁내지 말고, 잘하려는 욕심도 버리세요. 처음부터 잘할 수는 없어요. 다양하게 경험해보면서 흥미가 생기는지 지켜보세요. 재미있다면 어느 정도 실력이 쌓이고 흥미가 사라질 때까지 계속해보는 거예요. 전혀 관계없는 분야가 서로 연결될 때 창의성이 생긴다고 해요. 마음이가 몰입했던 분야들이 연결되어 마음이만의 독창적인 분야를 개척해 줄 거예요. 그 과정에서 성취했던 몰입의 경험이 마음이가 평생 일을 해 나가는 동안 도움이 될 거랍니다.

08 공부가 정말 지루해요

사전적
정의   지루하다   시간을 너무 오래 끌어 따분하고 싫증이 나다.

세준 하람아, 졸았어?

하람 깜빡 잠이 들었네.

세준 너 3월에는 안 그러더니 요새 자꾸 존다.

하람 내가 그랬나? 이상하게 자꾸 졸리네. 선생님 목소리가 자장
     가처럼 들려. 재미도 없고, 빨리 시간이 갔으면 좋겠어.

세준 너도 그래? 나도 그래. 수업 시간이 너무 길고 지루해. 아무
     리 딴생각을 해도 시간이 진짜 안 가.

하람 너도 그랬구나. 역시 우린 베프야. 우리 선생님 작년 선생님
     보다 더 재미있게 수업하시는 거 같은데 이상해. 왜 이렇게
     수업 시간이 길고 지루한지 모르겠어.

세준 나도야. 6교시는 또 어떻게 버틸까 걱정이네.

* **하람** 하늘이 내린 소중한 사람

내 마음

작년까지만 해도 학교가 너무 재미있었어요. 선생님 수업도 좋았고요. 친구들하고 장난치면서 선생님 말에 맞장구치다 보면 한 시간이 금세 끝났어요. 지루할 틈이 없었죠. 1교시가 시작되었나 싶게 벌써 6교시였다니까요. 발표도 많이 하고 인기투표도 항상 점수가 높았어요. 수업 시간에는 어떻게 하면 발표를 많이 해서 칭찬을 받을까 생각했어요. 친구들이 발표할 때 나를 바라보는 그 눈빛이 좋았죠. 물론 선생님의 칭찬도 좋았고요. 아이들 앞에서 내 과제를 샘플로 보여주실 때는 진짜 기분 최고였어요. 선생님이 해주시는 시시콜콜한 얘기들도 다 재밌어서 까르르 잘 웃었어요. 학교 가는 게 진짜 신나고 재미있었죠.

그런데 언제부터인지 모든 게 시들해졌어요. 요즘은 수업 시간이 아주 따분해 죽겠어요. 시간이 너무너무 안 가는 거 있죠? 진짜 이상해요. 마음 같아선 엎드려 있고 싶어요. 선생님이 계신데 그럴 수는 없으니까 살짝살짝 딴생각을 해요. 혼자 상상의 나래를 펼치는 거죠. 수업과는 전혀 상관없는 상상을 하다가 어느 순간 나도 모르게 눈이 감기나 봐요. 깜빡 졸다보면 어느새 끝종이 울리는 거 있죠. 깜짝 놀라서 깬 적이 한두 번이 아니라니까요.

　　내가 왜 이렇게 됐는지 모르겠어요. 특별히 달라진 건 없는데 왜 그럴까요? 재미있는 게 사라져 버린 기분이에요. 그나마 체육 시간 때문에 학교에 온답니다. 체육 시간에는 애들이랑 피구도 하고 달리기도 해서 신이 나요. 진짜 시간이 빨리 가고 지루할 틈이 없죠. 체육 시간 빼고는 시간이 너무 안 가요. 체육 수업이 없는 날은 하루 종일 시계만 봐요. 시계를 너무 봐서 시계가 닳을 지경이에요. 학교 가는 게 하나도 즐겁지가 않아요. 흥미도 안 생기고 의욕도 사라져버렸어요. 내 마음이 도대체 왜 이럴까요?

- 공부에 집중이 안 되고 지겹고 시간이 안 가다.
- 선생님 말씀이 자장가처럼 들리고 수업 내용이 하나도
  안 들리다.

우리 마음

☀ 왜 이렇게 지루하지?

마음이는 시간이 잘 가나요? 아마 안 그럴 거예요. 어서 빨리 커서
어른이 돼서 자유를 만끽하고 싶은데, 마음이의 바람과 달리 하루
하루는 왜 이렇게 느리게 가는지 모르겠어요. 시간은 안 가고 의
욕도 없는데 해야 할 일은 많지요. 할 일 리스트를 잔뜩 뽑아놓은
부모님을 보면 한숨부터 나올 거예요. 이미 할 일도 많은데 맨날
공부, 공부……. 지겨워 죽겠지요? 마음이의 지루함을 백 퍼센트
이해합니다.

공부만 지겨운 건 아니지요. 도대체 사춘기란 게 뭔지 흥미가 생기는 게 없죠. 새롭게 해보겠다는 의지도 안 생기고, 멍하니 앉아서 시간을 보내는 경우가 많아졌을 거예요. 왜 그런지 이유는 모르겠지만 인생이 즐겁지도 않고요. 그런데 마음이만 그런 게 아니에요. 다른 친구들도 마찬가지예요. 일 등을 하는 친구는 늘 꾸준할 것 같고 슬럼프도 없을 것 같겠지만, 아니에요. 모두 다 비슷한데 티를 안 내는 것뿐이에요.

사실 선생님도 엄마 아빠도 그땐 다 그랬어요. 지금은 엄청 부지런하고 성실하고 계획적으로 살고 있는 것처럼 보이지만, 모두들 그 귀차니즘과 지루함의 시기를 지냈어요. 어쩌면 지금도 지루하지 않은 척하고 있을 뿐, 사실은 마음이와 비슷한 상황일 거예요. 가령 학교에서 마음이와 친구들만 방학을 기다리는 게 아니에요. 선생님들이 훨씬 더 간절하게 방학을 기다려요. 마음이만 주말이 좋고 월요일이 싫은 게 아니에요. 대부분의 직장인은 월요병에 시달릴 정도예요. 모두 다 마음 안에 지금 하고 있는 일에 대해 지루하고 하기 싫은 마음을 조금씩은 갖고 있어요. 마음이가 이상한 게 아니에요. 초등학생 때는 할 일이 지금처럼 많지 않았잖아요. 의무가 적으니 즐거웠던 거예요. 하지만 학년이 올라갈수록 공부에서도 다른 활동에서도 잘해야 할 것들이 늘어나죠. 그래서 부담감과 함께 피하고 싶은 마음이 생긴 거예요. 이런 의미에서 공부 시간이 지루하고 딴생각이 나는 건 어쩌면 모두에게 일어날 수 있는 자연스러운 현상이랍니다.

☀ 지루함은 좋아하는 것을 찾아내는 과정

다만 마음이가 지루하다는 것을 인정하고 즐겼으면 좋겠어요. 지루해도 괜찮다고 스스로에게 말해주는 거죠. 인생이 늘 스펙터클하고 재미있을 수만은 없잖아요. 지루하고 시간이 안 갈 때도 있지요. 특히 좋아하지 않는 일을 할 때는 더 그럴 거예요. 마음이가 작년에는 안 그랬는데 지금은 수업 시간이 너무 지루하다는 건 나쁜 신호만은 아니에요. 마음이에게 있어 그 공부가 따분하고 재미가 없어 지루한 건데, 지루함을 느낀다는 것은 재미를 구분할 줄 안다는 의미이기도 해요.

아기 때는 세상 모든 게 신기했죠. 아주 작은 이벤트에도 행복하고 설렜잖아요. 재미없는 게 없었죠. 이제 지루함이 생겼다는 건 재미있는 것과 재미없는 것을 구분할 줄 알게 되었다는 거예요. 그러니 지루함을 너무 밀어내려고 하지 마세요. 지루할 때는 잠깐이라도 재미있는 상상을 해 보세요. 상상을 하다가 혼날 거 같다고요? 그럼 지루함 속에서 재미를 찾는 방법도 좋아요. 선생님이 설명하는 게 지겹다면 선생님을 바라보면서 딴 상상을 하는 거죠. 선생님의 모습을 다른 사람처럼 변형시키는 상상 같은 거요. 그런 딴생각을 잠깐씩 하다 보면 지루한 시간도 버틸 수 있을 거예요. 피식 웃음이 나올 정도의 상상이 마음이의 지루함을 잠시나마 풀어줄 거예요. 지루할 때는 자기만의 방식으로 재미를 찾아봐도 좋아요. 선생님이 하는 말 중에서 어떤 말이 제일 많이 나오는지 찾아보는 거죠. 그 말이 아마 이번 시간에 가장 강조하고 싶은 내용일 거예요. 선생님의 말을 분석하면서 재미도 찾고 공부 시간의 핵심 단어도 익혀보세요. 지루하다고 핑계만 대지 말고, 지루함 속에서 재미를 찾는 걸 연구해 보세요. 인생을 살면서 지루한 순간에 그것이 마음이를 구해줄 테니까요.

　　중요한 건 오늘의 지루함을 충분히 누려보는 거예요. 지루하다는 건 나쁜 게 아니에요. 지루함을 넘어서면 진짜 내가 좋아하는 것을 구분할 수 있게 돼요. 지루하지 않은 것이 내가 좋아하는 것이에요. 수업 시간도 모두 다 졸리지는 않을 거예요. 체육 시간엔 시간이 빨리 가잖아요. 전혀 지루하지 않죠. 그건 내가 신체 활동을 좋아하기 때문일 거예요. 혹은 경쟁을 즐기는 것일 수도 있고요. 체육 시간 중에도 피구는 좋지만 줄넘기는 지루할 수 있어요. 그렇다면 마음이는 여러 사람이 어울려서 하는 활동을 좋아한다는 것을 알 수 있지요. 이렇게 지루한 것과 지루하지 않은 것을 구분해가는 동안 자신의 취향을 찾을 수 있어요. 내가 좋아하는 것과 선호하는 방식에 대해서 알아갈 수 있죠. 그렇게 생각하면 지루하다고 느끼는 것은 마음이가 진짜 좋아하는 것을 찾아나가는 데 있어 꼭 필요한 중간 과정일 수 있어요. 오늘의 지루함을 마음껏 즐겨 보세요.

09 왜 이리
감성적인 걸까요?

**사전적
정의** | **감성적이다** 자극에 대하여 느낌이 일어나는 능력인
감수성(感受性)이 뛰어나다.

별하 엄마, 인스타에 올라온 이 강아지 좀 봐봐. 이 강아지 버려졌
대. 너무 예쁜데 진짜 불쌍해.

엄마 그러게. 요즘 반려동물 키우는 사람들 너무 책임감이 없어.

별하 엄마, 이 강아지 우리가 데려다 키우면 어떨까? 내가 목욕도
시키고 산책도 시키고 다 할게.

엄마 갑자기 무슨 강아지야! 엄마는 지금 너희들 돌보는 것만으로
도 힘들어. 준비도 없이 반려동물 키우는 거 아니야.

별하 내가 진짜 동생처럼 잘 돌볼 수 있어.

엄마 네 방이나 청소하면서 그런 말을 해. 방 청소 한 번 안 하면서
강아지는 무슨 강아지야?

별하 엄마는 이 강아지가 불쌍하지도 않아? 마음이 아프지도 않
냐고! 엄마는 진짜 냉정한 사람이야.

* **별하** 별같이 높고 빛나는

내 마음

마음이 하루에도 몇 번씩 오락가락해요. 기분이 좋았다 안 좋았다 하죠. 별일도 아닌데 기분이 확 나빠지는 건 왜 그런지 정말 모르겠어요. 나도 모르게 울컥하는 순간이 너무 많아요. 남들은 내가 왜 그러는지 이해를 못 해요. 잘 알지도 못하면서 나를 이상한 사람 취급하는 게 가장 힘들어요. 나한테는 모두 이유가 있는 행동이거든요.

가장 나를 기분 나쁘게 하는 건 말이에요. 친구들이나 부모님의 말 한마디 때문에 기분 나쁠 때가 참 많아요. 책망하거나 비난하는 말을 들으면 화가 나거나 기분이 나빠져요. 특히 나를 자극하는 말이 있는데, 바로 '평가하는 말'이에요. 처음에는 평가라고 느끼지 못했어요. 어려서부터 그런 말을 워낙 많이 들으면서 자랐으니까요. 그런데 어느 순간 화가 치밀어 오르는 거예요. '도대체 나를 얼마나 안다고 이러쿵저러쿵 말하는 걸까?'라는 생각이 드는 거죠. 부모님도 실제로 나랑 같이 있는 시간이 많지 않아서 나의 행동이나 생각을 모두 알 수 있는 건 아니에요. 그런데 "넌 원래 그러잖아"라고 이야기할 때면 화가 치밀어 올라요. 때로는 너무 슬퍼지기도 하고요.

감정을 잘 다스리지 못하는 건 그때만이 아니에요. 사람들은 작은 변화에 참 민감하지 못해요. 감정이 메말랐지요. 나는 바람이 살랑 불어오면 갑자기 왈칵 눈물이 날 때가 있거든요. 그냥 바람이 좋아서요. 친구의 다정한 말 한마디에도 눈물이 나기도 하고요. 맛있는 음식을 먹고 나면 행복이 밀려오고, 배가 고플 때는 화가 치밀어 오르기도 해요. 삶이 너무 기쁘고 감사할 때도 있지만, 나를 비교하고 채찍질하는 사람들 때문에 힘들고 슬퍼요. 내 감정은 순식간에 확확 바뀌죠. 오락가락하는 내 마음을 나도 잘 모르겠어요.

- 작은 일에도 감정 변화를 느끼다.

- 하루에도 몇 번씩 울고 웃고 화내고 우울한 기분이
반복되며 오락가락하다.

우리 마음

◦◦ 내 마음을 나도 모를 때

마음이 순간 울컥할 때가 있지요. '어, 내가 왜 울고 있지?' 하면서
눈물이 흐르는 거 말이에요. 별일 아닌 거 같은데 순간 너무 화가
나서 주먹이 나가기도 하고 욕을 하기도 하죠. 마음이도 당황스럽
지만 어쩔 수가 없었을 거예요. 너무 순식간에 일어나는 일이니까
요. 때로는 오랜 기간 이런 기분에 머물기도 하죠. 뭘 해도 도무지
신이 안 나고 우울한 상태말이에요. 친구가 없어서 외롭기도 하지
만 친구가 다가오면 버겁기도 할 거예요. 이상하게 내 마음인데

내 마음대로 조절이 안 될 때가 있어요. 그럴 때 조금 당황스럽죠. 나도 모르게 순간 감정의 변화가 생기면 마음이뿐 아니라 누구나 어려울 거예요.

사춘기에 접어들면 내가 갑자기 왜 이렇게 화가 날까 싶은 순간이 자주 생겨요. 집에서 그렇게 욱하면 엄마 아빠가 당황해하시며 화를 내실 거예요. 좀 받아줘도 좋으련만 언제까지 너를 공주·왕자 대접해 줘야 하냐며 더 화를 내시죠. 마음이가 울컥한 것의 몇 배는 더 잔소리를 하시는 것 같아요. 나도 모르게 감정이 욱하고 올라온 건데 그걸 이해 못 해주는 엄마 아빠가 서운할 때도 많죠. 결국 엄마 아빠한테 욕을 먹고 감정을 억누르지만 마음이의 감정은 그대로 봉쇄되는 것일 뿐 기분이 나아지진 않아요.

사실 더 어려운 건 친구들과의 관계죠. 마음이가 갑자기 욱하고 화를 낼 때가 있잖아요. 친구는 평소와 같은 말을 한 것뿐인데 미친 듯이 화가 날 거예요. 본인도 감당이 안 되지만 일단은 화를 내버려요. 그러면 친구 관계는 그걸로 끝이죠. 친구들은 그걸 전혀 이해해주지 않으니까요. 자기들도 마찬가지면서 말이에요. 반대로 친구 마음을 전혀 이해하지 못할 때도 있을 거예요. 친구가 멀쩡하게 있다가 갑자기 울기도 하고 화를 내기도 하고 웃기도 하니까요. 그럴 때 그 친구의 모습을 보면서 화가 나기도 하고 당황스러울 거예요. 그러다 어느 순간 친구가 언제 그랬냐는 듯이 다가오기도 하지요. 마음이도 그럴 거고요. 참 알 수 없는 마음들이지요. 사실 서로 알 수 없는 감정을 가진 친구들이 같이 어울려 지낸다는 건 쉬운 일이 아니에요. 친구 눈치도 봐야 하고 내 기분도 챙겨야 해요. 사춘기 정말 피곤하지요? 내가 내 마음이라도 컨트롤할 수 있으면 좋겠는데 그게 안 돼서 더 힘들 거예요.

❖ 감수성이 풍부한 사춘기

사춘기에는 감정이 풍부해지고 기분 변화가 잦아지는데, 그로 인해 본인과 주변 사람을 힘들게 하게 돼요. 어떤 기분에 맞춰줘야 할지 모르겠으니까요. 사춘기는 신체적으로, 정신적으로, 성적으로 많은 변화가 생겨요. 이런 변화가 마음이에게 여러 감정을 불러일으키죠. 자신의 성장에 대해서 두렵고 떨리는 마음도 있어요. 겁도 날 거고, 놀랍기도, 때론 걱정스럽기도 하겠죠. 이런 복잡한 감정들이 섞여서 기분을 들쑥날쑥하게 만들고, 작은 자극에도 민감하게 반응하게 해요. 안정되지 못하고 변화가 많은 시기라서 그걸 겪는 과정에서 다양한 감정을 느낄 수밖에 없어요. 혼란스러운 게 당연한 거예요.

내가 이러면 주변 환경이라도 안정되면 좋은데, 우리 감정을 다 받아줄 만큼 부모님도 여유롭지 못하죠. 마음이가 이제 좀 컸다 싶으신 걸까요? 이제 좀 알아서 하면 안 되느냐고, 더는 아이가 아니라고 잔소리만 하시지 마음이를 이해하고 기다려줄 생각이 없어 보여 마음이 더 답답할 거예요. 친구들은 또 어떻고요. 같이 감정의 나락을 경험하고 있으니 더 많이 부딪힐 거예요. 누가 누구 기분을 살펴줄 여유가 없는 거죠. 어제는 싸웠다가 오늘은 살갑게 구는데, 도무지 어느 장단에 맞춰야 할지 너무 혼란스러울 거예요. 내 마음을 솔직하게 고백할 수 있는 건 친구뿐인데, 서로가 그러고 있으니 아마 마음이가 더 외롭고 힘이 들 거예요.

감정이 오락가락해서 힘들 때면 '지금 내가 엄청 급격하게 성장하고 있어서 그렇구나'라고 생각해 보세요. 성장하는 과정이라서 혼란스러울 수밖에 없다고요. 건물을 다 지어놓고 나면 깔끔하고 멋있지만 지어지는 과정에서는 주변이 지저분하고 정신없잖아요. 마음이도 지금 그런 과정에 있는 거예요. 그러니 감정 때문에 힘들 때는 '내가 많이 힘들구나'라고 생각하고 나를 토닥여주세요. 나에게는 제일 가깝고 든든한 '나 자신'이라는 친구가 있잖아요. 그 누구도 내 마음을 몰라주는 것 같아 힘들 때는 내가 나를 알아주면 돼요. 나를 스스로 안아주고 토닥여주자고요. 곧 더 멋진 사람이 되기 위해서 이렇게 흔들리고 있는 거라고요. 내 마음을 알아주는 나라는 친구가 있다면 덜 외롭게 이 시간을 보낼 수 있을 거예요.

흔들리지 않고 피는 꽃은 없습니다. 마음이는 지금 이렇게 흔들리면서 아름답게 피어날 준비를 하고 있는 중이에요. 바람 따라 살랑살랑 흔들려도 괜찮습니다.

논리적이지 않은 대화가 싫어요

사전적
정의

논리적이다 논리(사물 속에 있는 이치 또는 사물끼리의 법
칙적인 연관)에 맞다.

아빠   새론아, 밥 먹은 그릇은 설거지통에 담아 놔야지. 자기가 먹
           은 그릇 치우는 거는 기본이잖아.

새론   알았어, 하면 되잖아. 아빠는 집안일 얼마나 돕는다고 그래?
           설거지 한번 하면서 너무 큰소리치네.

아빠   뭐라고? 아빠가 네 친구도 아니고 말이 뭐 그래?

새론   내가 틀린 말 했어? 아빠는 불리할 때만 권위를 내세우더라.

아빠   너 지금 아빠한테 눈 크게 뜨고 대드는 거야?

새론   대드는 게 아니고 대화하는 거잖아. 아빠라는 이유로 내가
           하고 싶은 말도 못 하게 하는 건 인권침해야.

아빠   내가 한 마디 하면 아주 열 마디를 하네.

새론   이래서 내가 아빠랑 말하기 싫은 거야. 어른이라는 이유로
           정당한 대화도 못 하게 하는 건 진짜 공정하지 못해. 내 의견
           이 옳으면 받아줄 줄도 알아야 진짜 어른이지.

* **새론** 늘 새로운

내 마음

아빠는 자기도 제대로 안 하면서 나한테 불만이 진짜 많아요. 아빠라고 해서 무작정 좋아하고 사랑하는 시기는 지났어요. 나도 이제 옳고 그름을 판단할 수 있는 나이가 되었거든요. 그런데 아빠가 잘못한 부분에 대해서 지적하면 꼭 아빠 권위를 내세워요. 내가 아빠를 무시해서 그런 말을 하는 게 아니잖아요? 의견을 나눠서 개선했으면 하는 거죠. 그런데 그런 얘기만 하면 내가 못할 말이라도 한 것처럼 흥분을 해요. 나는 틀린 말은 전혀 하지 않거든요. 객관적이고 논리적으로 아빠의 틀린 행동을 지적하는 것뿐이에요.

어릴 때부터 부모님께 나를 함부로 대하는 걸 그냥 보고 있으면 안 된다고 배웠어요. 자기 생각을 똑 부러지게 표현하라고 알려줬잖아요. 그래서 내 의견을 말하는 것뿐이에요. 아닌데 가만히 고개를 끄덕이며 듣고 있을 수는 없잖아요? 그러니 아빠도 무조건 말을 막지 말고 논리적으로 생각해서 본인이 잘못한 부분이 있으면 인정했으면 좋겠어요. 그런 성숙한 대화를 하고 싶다고요. 내가 생각하는 것을 표현도 못 해야 맞는 건가요? 어리다는 이유로 생각을 숨기고 가만히 있어야 하냐고요. 그건 아니잖아요.

내가 내 의견을 매번 다 말하는 것도 아니에요. 어른들이 짜증 내는 게 싫어서 그냥 넘어갈 때도 많아요. 하지만 진짜 말도 안 되게 어른 입장에서만 얘기할 때는 참기가 힘들어요. 자기 생각을 나에게 주입하려는 의도가 보이면 더더욱 그래요. 나에게도 나름의 생각과 판단 기준이 있어요. 어른들이 보기에는 어설퍼 보이겠지만 내 기준에서는 그게 최고의 논리예요. 그 논리를 깨고 싶지 않아요. 무논리로 자기주장만 내세우는 어른들이 더 답답해요. 상대가 나이가 많다고 그 말을 무조건 따라야 하는 건 아니잖아요? 대화를 통해서 가장 합리적인 답을 찾아 나가야죠. 막무가내로 밀어붙이는 어른들 때문에 답답한 건 나예요. 제발 나이로 누르려 하지 말고 논리적으로 대화했으면 좋겠어요.

**논리적
이다**

마음
사전

▪ 사사건건 마음에 안 드는 어른들의 말에 대답하고
  싶다.

▪ 내 생각을 뒷받침할 이론을 가지고 있다.

우리 마음

✿ 이성적인 사고의 시작

누군가의 말을 논리적으로 판단하기 시작했군요. 아주 잘 성장하
고 있네요. 사춘기에는 이성적인 사고가 발달하기 시작해요. 물론
감정이 들쑥날쑥해서 이성적인 사고를 누를 때도 있고, 감정적으
로 욱해서 당황스러울 때도 있어요. 그래도 대체로 마음이의 논리
는 무럭무럭 잘 자라고 있답니다. 내가 이렇게 똑똑했나 싶게 술
술 말이 나올 때가 있을 거예요. 그럴 때는 자신의 모습이 무척 자
랑스럽고 대견하죠. 어깨가 으쓱해질 거예요.

그러면서 점점 부모님의 말이 거슬릴 때가 많아질 거예요. 옳다고만 생각했던 선생님의 말에도 '왜'라는 의문을 갖게 되죠. 전에는 신경도 안 쓰이던 말들이 아니다 싶을 때가 생길 거예요. 그건 마음이만의 논리가 발달하기 때문이죠. 아직은 논리가 완성이 안 된 상태이고 어설플 때도 있지만 뭐 어때요? 처음부터 완벽한 사람은 없잖아요. 시작한다는 것 자체가 중요한 거죠. 시작은 미미하겠지만 거기에 한 단 한 단 자신의 논리를 쌓아가다 보면 진짜 논리를 가진 사람이 될 거예요. 그러니 두려워하지 말고 자신의 논리를 펼쳤으면 좋겠어요. 다만 감정적으로 덜 흥분하면서 말이죠.

논리를 주장할 때 감정은 자제하는 게 좋아요. 감정을 섞어서 논리를 주장하다 보면 마음이 상할 수 있어요. 엄마가 정해준 공부 내용에 대해서 '엄마가 정해주는 것보다 내가 스스로 정하고 싶다'라는 논리를 펼칠 수 있겠죠. 마음이의 인생은 마음이의 것이니까 스스로 정해보는 게 좋지요. 자기주도학습 차원에서도 도움이 되고요. 이런 논리를 펼치는 것은 아주 좋아요. 마음이가 스스로 공부량과 주제를 정하면 자율적인 공부에도 도움이 될 테니까요. 그런데 이 논리를 펼치면서 감정을 섞으면 어떻게 될까요? 갑자기 욱하면서 엄마에게 대들게 된다면 말이에요. "엄마는 늘 엄마 마음대로잖아. 하지만 난 엄마의 인형이 아니야." 이런 식으로 말해버린다면 스스로 공부 계획을 세우겠다는 아주 좋은 의도가 희석되어 버리죠. 엄마가 괜히 기분이 나빠져서 화를 내거나 폭발할 수 있어요. 그러면 목적과 다르게 대화가 틀어지죠. 논리적인 주장을 할 때는 감정을 배제해야 해요. 그래야 자신의 주장이 더 잘 받아들여지게 설득할 수 있답니다.

✿ 논리와 함께 감정 다스리기도 연습해요

감정과 논리를 분리하는 일이 쉽지 않을 거예요. 마음이는 논리가 발달하는 만큼 감정적으로도 성장하는 시기거든요. 이 시기에는 논리적인 주장을 하다가도 갑자기 마음이 상해서 울거나 폭발하는 일이 함께 생기는 게 정상이에요. 뇌의 여러 부분이 함께 발달하다 보니 그런 일들이 발생하죠. 그때 당황하거나 자책하지 마세요. '나는 왜 이것밖에 안 될까?' 하고 고민하지도 말아요. 괜찮아요. 자연스러운 과정이에요. 어른들도 모두 그 과정을 거쳐서 성장했어요. 부모님이 잠시 그 부분을 잊어버리시고 화를 내실 수도 있어요. 그때는 솔직하게 말하세요. "나도 어려워요. 나도 혼란스러워요"라고 솔직하게 마음을 표현해도 돼요. 그러면 부모님도 자신의 사춘기를 떠올리면서 이해하시게 될 거예요.

논리와 감정이 함께 발달하면서 양쪽을 조율하는 것이 어렵기도 하지요. 하지만 성장하는 과정에서 스스로가 뿌듯한 순간들이 있을 거예요. 나에게 이런 면이 있었나 놀라게 될걸요. 해결하기 어려운 문제를 논리적으로 해결하는 모습은 슈퍼맨처럼 느껴지죠. 친구들도 깜짝 놀랄 거예요. 토론 수업 시간에 배경지식을 활용해서 논리를 만들어 보세요. '내가 이게 되네' 싶을걸요. 그만큼 논리력이 발달하는 시기니까요. 내 능력을 확장하고 길러 보세요. 공부하면서도 이성의 힘이 발휘될 때 느껴지는 쾌감이 있어요. 나 자신이 아주 근사해 보이는 기회가 될 겁니다.

부모님과 대화할 때 자주 부딪히나요? 그것 또한 스트레스로 생각하지 마세요. 어른들의 말 중에 논리가 어긋난 점을 찾아내세요. 그 부분을 설득하는 것은 재미있는 작업이 될 거예요. 이제껏 아이 취급만 받았던 마음이였는데, 뭔가 훌쩍 어른이 된 기분이랄까요? 내 주장이 가족을 바꾸고 규칙을 변화시키는 걸 경험하면, 논리의 힘을 느끼게 될 거예요. 그러니 마음이 부당하다고 생각하는 부분이 있다면 그냥 흘려보내지 말아요. 문제를 제기하고 이야기를 나눠 보세요. 미래는 새로운 논리로 무장한 마음이 세대가 바꿔가는 거니까요.

다만 어른들을 상대로 논리를 주장할 때는 말투나 태도에 조금만 신경을 쓰세요. 마음이의 최고의 논리가 말하는 태도 때문에 저평가될 수 있어요. 조용하고 차분하게, 예의를 갖춰서 자신의 의견을 얘기하세요. 충분히 받아들여질 수 있는 의견인데 태도 때문에 거부당하지 않도록 말이죠. 이성적으로 논리를 주장하는 것은 매우 중요한 스킬이니까 지금부터 연습한다고 생각하고 해 보세요. 마음이의 논리가 통하는 순간의 쾌감을 충분히 느낄 수 있는 시간이 될 거예요.

11 친구와 함께라면
무엇이든 좋아요

사전적 정의 · **함께** 한꺼번에 같이 또는 서로 더불어.

회장 애들아, 체육대회 끝나고 학급별 자유시간이 있는데 우리 뭐 할까? 각자 하고 싶은 거 해도 되고 조를 짜서 놀아도 된대.

채린 영화관, 노래방, PC방, 카페로 나눠서 원하는 데 가자.

유준 각 팀마다 리더를 정해서 진행하면 좋을 거 같아.

회장 좋아. 그럼 그렇게 하자. 각 조의 대표 맡아줄 친구들 있어?

보담 회장, 혹시 애니메이션 전시회 가보고 싶은 친구도 있나 물어봐 줄래? 나는 거기 가고 싶은데 같이 갈 사람 있을까?

회장 보담이가 제안한 애니메이션 전시회도 포함하자. 각자 가고 싶은 곳 아래에 이름을 쓰자.

(한참 후)

회장 보담아, 어쩌지? 애니메이션 전시회는 가고 싶다는 친구가 없나 봐. 혼자 가도 괜찮으면 혼자 가도 돼.

보담 혼자 가긴 싫어. 나 그냥 영화 팀으로 갈게.

＊ **보담** 누구보다 더 나은

내 마음

요즘 나에게 가장 소중한 사람은 친구예요. 친구들이 무엇을 좋아하고 어디에 가는지가 가장 궁금해요. 뭐든지 친구들과 함께 하고 싶어요. 친구들이 좋아하는 음악을 같이 듣고 싶고, 친구들이 좋아하는 카페에 가서 함께 이야기하는 게 제일 행복하죠. 내가 좋아하지 않는 일이라도 상관없어요. 맞출 수 있어요. 어디를 가든, 무엇을 하든 혼자 하고 싶지 않아요. 혼자는 외롭고 쓸쓸하잖아요. 친구들이 원하는 것을 맞춰주면서 보람을 느껴요. 친구들과 함께하면 에너지도 올라가는 것 같아요. 친구들이 정말 좋아요.

어릴 때는 부모님이 어디든 늘 함께 가 주셨으니까 친구가 별로 상관없었어요. 하지만 지금은 부모님 말고 친구랑 가고 싶어요. 원하는 친구가 없다면 나도 포기하죠. 일단은 내가 원하는 것보다 친구들의 의견이 중요하니까요. 친구들 사이에서 튀고 싶지 않고, 친구들이 하는 것을 하고 싶어요. 나 혼자서만 다른 일을 하는 것은 너무 외롭고 두려운 일이에요. 친구가 옆에서 응원해 주고 지켜봐 줄 때 힘이 나요. 망설여지는 일이라도 친구가 원하면 같이 해주는 이유예요.

부모님은 가끔 나보고 바보 같다고 하세요. 매번 양보하고 내 주장을 하지 못한다고요. 집에서는 그렇게 자기 편할 대로 하면서 친구에게는 맞추기만 한다고 뭐라 하세요. 하지만 바보라서가 아니에요. 그게 마음이 편해요. 친구가 토라지거나 나를 싫어하게 될까 봐 두려워요. 친구는 한번 멀어지면 다시 가까워질 수 없을까 봐 두려워요. 엄마 아빠는 친구도 없는 걸까요? 왜 내 마음을 모르는지 답답할 때가 정말 많아요. 친구와 함께할 때만 내 시간이 의미 있어요. 나의 모든 선택에 친구가 정말 많은 영향을 줘요.

■ 친구가 하는 어떤 선택이든 좋다.

■ 좋아하지 않는 것도 친구와 한다면 같이 선택할 수
있다.

우리 마음

◎ 人(사람 인)의 의미

사람은 혼자서는 외로워요. 누구와 함께하는 것에 기쁨을 느끼죠. 사람을 뜻하는 한자인 사람 인(人) 자를 보세요. 혼자서는 설 수 없는 사람의 특성을 그대로 드러내고 있지요. 그렇게 우리는 함께 존재하며 발전하고 성장해요. 이제껏 부모님과 그 '함께'를 만들어 나갔다면, 이제는 친구에게로 그 범위가 확장되는 시기가 된 거예요. 가족과 함께 맞춰가던 나의 세계가 넓어지는 거죠. 내가 혼자 하던 일도 친구와 함께라면 더 즐거운 일이 돼요. 옆에 있는 친구를 따라 하다 보면 어느새 무리가 형성이 되고, 그 무리 안에서 뜻을 맞춰가죠. 그러다가 친구와 부딪히기도 하고 상처를 받기도 하지요. 아무리 맞추려 해도 맞출 수 없는 부분도 생길 거고요. 각기 환경도 성향도 다른 친구들과 부딪히게 되면서 여러 가지 사건들이 생겨요. 그러면서 타인의 마음이 나와 다르다는 것을 알게 되죠. 이는 마음이가 성장해가는 과정이에요. 친구와 함께 희로애락을 느끼면서 말이에요.

언제나 친구가 먼저이고 친구 위주인 마음이가 부모님은 마음에 안 드실 거예요. 가정에서는 자기주장이 강하고 형제자매에게 한 치의 양보도 안 하던 마음이였으니까요. 자신의 의견을 꺾는 모습을 보면 걱정이 되시기도 하겠죠. 친구에게 무조건 맞춰주지만 말라고 말씀하실 수도 있어요. 내 생각이 없는 것도 아닌데 스트레스를 받으면서까지 맞출 필요는 없다는 논리지요.

하지만 마음이는 생각이 다르죠. 좋아하니까 맞춰주고 싶은 거예요. 물론 형제자매도 싫어하는 건 아니지만 차원이 다르죠. 사춘기의 친구는 누구와도 바꿀 수 없는 중요한 존재니까요. 비교가 안 될 거예요. 친구는 함께라는 것만으로도 든든하고 힘이 나죠. 그 '함께'의 의미와 힘에 대해 경험하는 것들이 마음이의 성장에 발판이 될 거예요. 아플 때도 있고 행복할 때도 있겠죠. 누군가와 생각을 맞춰간다는 것이 늘 행복하기만 한 일은 아닐 거예요. 부모님도 그걸 걱정하시는 거예요. 하지만 두려워할 필요 없어요. 마음이는 그 과정 속에서 아파도 하고 웃기도 하면서 성장해가는 하루하루를 마음껏 즐기세요. 내 인생을 내 의지로 살아보는 첫 번째 시도가 될 테니까요.

◎ '함께'가 가장 빛나는 시기

'함께'여서 행복한 만큼 힘들 수도 있어요. 혹시라도 그 '함께'에 끼지 못한다면 말이죠. 사춘기에는 그 어느 때보다도 집단의 생각이 강해져요. 집단의 생각을 거스르거나 튀는 행동을 극도로 싫어하죠. 그래서 왕따도 많이 생긴답니다. 내가 생각할 땐 아닌 것 같아도 친구들이 모두 그렇게 말하고 행동하면 따를 수밖에 없죠. 아니라고 하면 나도 왕따가 될지도 몰라서요. 무리에서 튕겨져나오게 될 수도 있다는 두려움 때문에 부당한 것도 참고 행동하기를 강요당할 수도 있어요.

그럴 때 마음이는 어떻게 할 건가요? 용기를 내서 자신의 소신을 말할 수 있겠나요? 대부분의 친구들은 공동체의 의견을 택할 거예요. 그게 잘한 행동이라고 할 수는 없지만, 혼자서만 아니라고 말할 수 없을 거예요. 집단의 의견에 반기를 드는 것이 너무나 어려운 시기니까요.

하지만 왕따를 당하는 친구는 너무 괴롭고 힘들 거예요. 나도 단체에 속하고 싶은데 자의가 아닌 타의로 그럴 수가 없으니까요. 사춘기의 왕따는 평생 트라우마로 남는 경우가 많다고 하죠. 이때는 감성이 매우 발달한 상태에서 친구들과 함께하고 싶지만 그러지 못하는 상황이 큰 상처가 되니까요. 왕따 당하는 친구 또한 나와 같은 마음으로 무리에 끼고 싶을 거예요.

옆에서 그걸 지켜보면서도 선생님이나 어른에게 말하거나 도와주지 못하는 마음도 이해는 해요. 잘했다는 게 아니라 어렵다는 건 알아요. 다만 소극적인 형태의 알림을 통해서라도 그걸 알려주길 바랄 뿐이죠. 어울리지 못하고 겉도는 친구의 괴로운 마음을 이해한다면 익명이라도 좋으니 제보를 해주면 좋겠어요. 조심스럽긴 하지만 그게 바른 길이니까요. 입장을 바꿔서 생각해 보세요. 내가 그런 처지라면 얼마나 괴롭겠어요. 그 어려움을 알아줬으면 좋겠어요.

친구와 함께라서 힘들 때도 있지만 좋을 때가 훨씬 많을 거예요. 누군가와 함께 생각을 모으고 마음을 모으는 경험을 많이 해 보세요. 굉장히 즐겁고 행복한 경험이 될 거예요. 마음을 나눌 친구가 있다는 것이 얼마나 행복한지도 알게 될 거예요. 불편하고 어려운 일도 많지만 함께할 사람이 있기에 헤쳐나갈 수 있지요. '함께의 힘'을 믿고 경험해 보는 좋은 시간이 사춘기예요. 마음껏 누려 보세요.

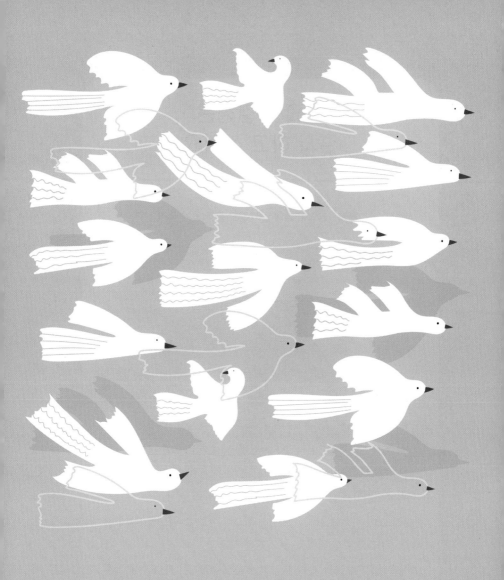

12 중요한 결정은
혼자 하고 싶어요

사전적
정의   **혼자** 남과 더불어 있지 않고 홀로 있는 상태.

엄마   찬슬아, 아빠랑 백화점 갈 건데 같이 갈래?

아빠   너 지난번에 외투 필요하다고 했잖아. 같이 가자.

찬슬   엄마 아빠랑 같이 백화점 가기 싫어. 친구들이랑 갈래.

엄마   겨울 외투를 친구들이랑 같이 가서 산다고? 작은 물건 살 때
      는 친구랑 가도 좋지만 지금은 아니지. 살 거면 같이 가고 사
      기 싫으면 그만둬.

찬슬   안돼. 나 외투 진짜 필요하단 말이야. 골라오는 건 더 싫어.
      엄마 아빠는 요즘 스타일 모르잖아.

아빠   그럼 어서 준비해. 같이 가자.

엄마   같이 가서 저만치 떨어져서 걸으면 되겠네. 너 요즘 밖에 나
      가면 엄마랑 같이 안 걷고 혼자 걷잖아.

찬슬   왜 저래, 진짜. 혼자 다니고 싶은 게 나쁜 건 아니잖아. 언제
      까지 아기처럼 엄마랑 팔짱 끼고 다녀야겠어?

* **찬슬** 슬기로움으로 가득 찬

98

내 마음

요즘 엄마가 나를 보고 '독불장군'이래요. 혼자서 다 결정하고 고집부린다고요. 그런데 '독불장군'이라는 말, 멋있지 않나요? 엄마는 불만 가득해서 그렇게 부르지만 난 그 말이 마음에 들어요. 독특한 나만의 정체성을 설명해 주는 것 같아서요. 남들과는 다른 내 모습 말이죠. 엄마는 내가 외출도 함께 안 하고 가족과의 시간을 거부하는 게 마음에 안 드나 봐요. 마치 내가 엄마를 배신한 것처럼 말해요.

엄마는 내가 크는 게 싫은 걸까요? 맨날 이제 혼자 알아서 하라고 잔소리를 했으면서, 막상 내가 혼자 알아서 하겠다고 하니 저렇게 정색을 하네요. 도대체 엄마 마음은 알다가도 모르겠어요. 나도 혼자서 판단할 만큼 컸잖아요. 내 일은 내가 판단하겠다는 건데 뭐가 그리 불만이신 건지 모르겠어요. 나는 남들과 다른 나만의 독특함이 있거든요. 그것을 발산하는 데 가족은 방해가 돼요. 나를 속속들이 알고 있는 가족들이 보면 비웃을 거 같기도 하고 쑥스럽기도 해요.

나는 혼자서 내 인생을 바꿔나갈 힘을 갖고 있어요. 누구의 간섭도 받지 않고 말이죠. 그런 내 모습이 너무 멋지고 자랑스러워요. 그래서 혼자 있는 시간을 자주 갖는답니다. 상상 속에서 나를 키워가는 것은 게임 캐릭터를 키우는 것만큼 재미있어요. 누구의 간섭도 없이 나 혼자만의 힘으로 우뚝 설 거예요. 그런 내 미래를 위해서 지금 열심히 내 모습을 갈고닦는 중이랍니다. 아무도 내가 생각하는 거대하고 멋진 미래를 다 이해할 수는 없죠. 그건 나만이 알 수 있는 영역이거든요. 나는 혼자서 독불장군처럼 나아갈 거예요. 스스로 해내는 힘을 보여줄 거랍니다. 나는 그렇게 멋진 어른으로 성장할 거예요.

혼자	- 어린아이 취급받기 싫고 내 인생에서 중요한 결정을 혼자서 하고 싶은 상태.
마음 사전	

우리 마음

✴ 독불장군 맞아요!

혼자서 하고 싶은 게 많군요. 부모님의 간섭 없이 하루하루 보내고 싶은 마음, 백분 이해합니다. 이제껏 정성스럽게 나를 돌봐 준 부모님이 고맙긴 해도 이건 또 다른 문제죠. 어릴 때부터 마음이가 홀로서기를 잘할 수 있게 하려고 돌봐 주신 거잖아요. 이제 이렇게 컸으니 마음이를 놔주고 판단을 믿어주었으면 하는 거죠. 그동안 잘 돌봐 주신 만큼 마음이도 자랐으니까요. 혼자서도 잘하는 모습도 보여주고 싶을 거고요. 부모님이 싫어서 그러는 게 아니라, 다만 조금 거리를 두고 싶은 거죠. 너무 가까우면 뭔가를 결정할 때 영향을 받게 되니까요. 실패를 하더라도 혼자서 결정해서 해보고 싶은 마음이지요. 사춘기가 되면 당연히 그런 마음이 들어요. 실패하고 아파보는 것도 혼자서 해보고 싶은 마음이 들다니 대견하네요. 충분히 그럴 수 있어요.

하지만 부모님은 아직도 마음이를 아이로만 보시는 것 같죠. 마음이가 아파하면 더 마음 아파하시고요. 그것조차 간섭이라고 느끼는 마음이를 서운해하실 거예요. 그동안 마음이를 자신의 분신처럼 키우셨으니 그럴 수 있어요. 엄마들은 아이가 아플 때 마치 본인이 아픈 것처럼 같은 부위에 통증을 느낀다고 해요. 부모가 되면 자녀에 대한 걱정이 많아진답니다. 세상 풍파를 겪어봐서 더 그럴 거예요. 워낙 세상에 예측할 수 없는 사건 사고가 많으니 겁도 나고요. 마음이가 독립해서 본인에게서 떨어져 나간다는 것이 충분히 걱정스러울 수 있죠. 부모님과 마음이의 생각이 이렇게 다르니 부딪힐 수밖에 없을 거예요. 부딪힐수록 마음이는 더 강렬하게 혼자만의 시간을 원할 거고요. 참 쉽지 않아요.

혼자서 자신의 인생을 결정하고 경험해보는 게 참 중요해요. 그런데 부모님은 마음이가 아직 못 미더우신가 봐요. 언제가 돼야 그 믿음이 생길까요? 어떻게 하면 믿어주고 놔주실까 고민이 될 거예요. 하지만 아마 마음이가 할아버지 할머니가 되더라도 그러시지 못할 거예요. 자식 걱정은 부모가 눈을 감기 전까지는 사라지지 않는다고 해요. 그러니 지금부터 조금씩이라도 독립을 꿈꾸세요. 혼자 하겠다고 끊임없이 요구하세요. 그래야 혼자서 해내겠다는 자신의 꿈을 이루고 부모님에게서 제대로 독립할 수 있어요. 너무나 사랑하고 소중한 분들이지만, 언제까지나 부모님의 그늘 아래에서 살 수는 없으니까요.

✸ 건강하게 홀로서기

혼자서 도전해 보는 것은 너무나 귀한 경험이에요. 그런데 혼자서 하는 데는 원칙이 있어야 해요. 내가 필요할 때는 어린아이처럼 부모님께 의지했다가 어떨 때는 혼자서 하겠다고 떼쓰는 것은 곤란하죠. 그러면 부모님께 진짜 혼자 하고 싶은 의지를 보여주지 못하는 거예요. 원칙을 세우고 원칙에 맞게 행동해야 믿음을 줄 수 있고, 믿음을 주는 사람에게는 더 많은 자유가 주어져요.

어떤 것을 혼자 할지 계획을 세워 보세요. 그리고 필요에 따라 좌우되지 않고 변함없이 혼자서 묵묵히 해내는 겁니다. 그 과정에서 더 많은 것을 스스로 해낼 수 있는 건강함을 키울 수 있어요. 그렇게 차츰 주변의 신뢰가 쌓이기 시작하면 혼자 할 수 있는 일이 많아져요. 아주 작은 일부터 시작하세요. 일단 아침에 혼자 일어나는 것부터요. 그것부터 제대로 된 독립이 시작됩니다.

그 다음은 하루에 적은 양이라도 스스로 정해서 공부하세요. 이런 작은 독립들이 쌓이다 보면 부모님도 마음이에 대해 믿고 맡겨도 끝까지 해낸다는 신뢰를 갖게 될 겁니다. 그렇게 한 단계 한 단계 천천히 신뢰를 쌓아가는 거예요. 이런 과정은 부모님께도, 마음이 자신에게도 아주 큰 힘이 되어줄 거예요.

생각보다 홀로서기가 어려울 수도 있어요. 아직은 세상이 어색하고 무섭기도 하니까요. '나 혼자 해서 잘할 수 있을까?'라는 두려움이 마음이를 억누르기도 할 거예요. '잘하겠다', '좋은 결과를 내겠다'는 욕심을 버리는 것이 중요해요. 처음 도전하는 일을 완벽하게 잘해낸다는 것은 불가능하죠. 여러 번 반복해도 실수할 때가 있는걸요. 사춘기는 과정이라는 것을 잊지 않았으면 좋겠어요. 실수해도 괜찮습니다. 실패해도 상관없어요. 지금은 많이 실수하고 실패하고 넘어져야 해요. 거저 얻어지는 것은 없습니다. 실패를 통해서 배울 수 있는 게 있어요. 오늘의 실패가 미래의 성공을 이루는 데 기초가 됩니다. 두려워하지 말고 도전하는 것에 가치를 두세요. 아직 미숙한 걸 인정하고 완벽하게 하겠다는 욕심부터 버리세요. 마음이가 혼자서 해내려는 그 마음이 너무 소중한 거예요. 결과는 미숙해도 괜찮습니다. 혹시라도 주변에서 잔뜩 기대하고 결과를 고대한다면 당당하게 말하세요. "결과는 덤으로 오는 것일 뿐, 도전하는 자체를 격려해달라"라고 말이죠. 그것이 진짜 마음이가 독립할 때 홀로서기를 할 수 있는 힘을 줄 거예요.

Chapter 2

사춘기
능력
사전

13

한방에 결정 나는
시험이 싫어요

사전적
정의

시험 재능·실력·지식 따위의 수준이나 정도를 일정한
절차에 따라 알아봄.

보예 엄마, 여기 학기말 성적표 나왔어.

엄마 어머, 이게 무슨 일이야!

보예 시험이 처음이라 긴장해서 잘 못 봤어.

엄마 너만 혼자 첫 시험인 건 아니잖아! 다들 조건은 똑같았어.

보예 그래서? 내가 바보라서 나만 혼자 시험을 못 봤다는 거야?
성적표 받고 충격 받아서 안 그래도 기분이 안 좋은데, 엄마
반응이 그게 뭐야?

엄마 그냥 노력이 부족했다고 인정하면 되는데, 긴장했다는 핑계
를 대니까 그렇지.

보예 나도 나름대로 잘해보려고 노력한 거야. 모두 다 백 점을 맞
을 수는 없잖아. 그냥 노력한 거를 인정해 주면 좋잖아.

엄마 엄마도 속상해서 그래.

보예 엄마가 나보다 더 속상해? 제일 속상한 건 나야.

* **보예** 보람차고 예쁜

내 마음

시험은 정말 생각만 해도 스트레스 최고예요. 시험이라는 것 자체가 즐거울 수가 없잖아요. 엄숙한 분위기가 숨이 막혀요. 감시를 당하는 기분도 들어요. 부정행위를 하지도 않았는데도 예비 범죄자 취급을 받는 것 같은 기분이랄까요. 엄숙한 분위기에서 시험을 치를 때면 숨쉬기도 조심스럽고, 집중도 되지 않아 정말 죽을 맛이에요. 수업 시간에 아무리 열심히 한다고 해도 시험이 쉽진 않아요. 엄청 긴장이 되어서 제대로 실력을 발휘하기도 어려워요. 실수하면 안 된다는 생각 때문인지 공부했던 것도 잘 기억이 안 나요. 그렇게 한바탕 시험을 치르고 나면 얼마나 피곤한지 몰라요.

꼭 이런 과정을 거쳐야만 하는 걸까 궁금증이 생겨요. 테스트를 해야만 실력을 검증할 수 있는 건가요? 그냥 공부만 하면 안 되나요? 왜 꼭 시험을 봐야 하는 건가 싶어요. 시험을 만든 사람이 정말 싫어요. 열심히 공부했는데 성적이 내 맘같이 안 나오면 너무너무 속상하거든요.

엄마 아빠가 실망하시는 모습을 보는 것도 힘들어요. 나한테 온갖 비난과 잔소리를 하실 때는 너무 속상하죠. 어디론가 사라져버리고 싶어요. 진짜 속상한 사람은 나인데 아무도 위로해주지 않아요. 나의 어려움에는 전혀 관심이 없고, 점수가 몇 점인지만 중요하죠. 친구들과 비교하고, 그 결과로 나를 판단해요. 시험 점수가 내 전부를 말해주는 것도 아닌데 말이죠. 열심히 노력했는데 노력한 만큼 결과가 안 나오면 정말 힘이 빠져요. 굳이 시험 공부를 해야 하나 싶기도 하고요. 시험을 봐야만 하는 학교생활이 너무 고달파요. 시험이 사라졌으면 좋겠어요.

시험	- 내 노력보다 결과로 나를 판단하는 것.
마음 사전	- 내 모든 것을 한방에 결정하고 판단해버리는 기준.

우리 마음

◆ 시험이 사라졌으면!

시험이 참 마음이를 힘들게 하지요? 시험공부도 힘들고, 시험을
보는 순간도 힘들잖아요. 내가 배운 것을 얼마나 잘 알고 있는가
를 테스트하는 게 시험인데, 그렇게까지 엄숙한 분위기에서 치를
필요는 없지 않나 싶기도 할 거예요. 시험을 보고 나서 성적표가
나오면 더 힘들죠. 점수를 보면 마음이도 속상한데, 주변에서 그
걸로 마음이를 판단하고 비난하니까요. 특히 부모님이 시험 점수
로 잔소리를 하실 때는 견딜 수가 없을 거예요. 마음이보다 점수

가 그렇게 중요한가 싶고요. 우리를 이렇게 힘들게 하는 시험이란 녀석이 사라졌으면 좋겠는데, 주기적으로 잘도 돌아오죠.

시험을 통해서 내 모든 것이 결정된다는 것이 가장 힘들 거예요. 왜 나를 점수로 판단하는 걸까요? 나는 그것보다 훨씬 더 멋진 사람인데 말이죠. 시험을 못 봤다고 무시하고 공부 잘하는 아이만 칭찬하는 걸 보기가 너무 힘들지요. 그렇다고 시험에 목매고 싶지는 않아요. 다른 관심 있는 분야도 많으니까요. 여러모로 나를 힘들게 하는 시험, 도대체 어떤 마음으로 대해야 할까요?

◆ 피할 수 없다면 즐기기

시험을 피할 수는 없으니 어떻게 하겠어요? 피할 수 없다면 즐기는 수밖에요. 그렇다면 시험을 피하지 않고 즐기는 법은 무엇일까요? 우선 마음을 단단히 먹어야 해요. 시험 점수로 누구도 나를 판단할 수 없다는 생각을 가지세요. 엄마나 주위 시선이 그렇게 보여져도 신경 쓰지 않겠다고 다짐하는 거죠. 나는 무한한 가능성을 가진 존재니까요. 시험은 내가 지금 얼마나 학습 내용을 익혔는지를 체크하는 도구로만 쓰는 거예요. 누군가 점수로 나를 판단하려고 한다면 멈추라고 말하세요. 내 진가를 다 알지도 못하면서 함부로 말하지 말라고요.

더불어 나 자신이 시험 결과로 스스로를 주변과 비교하면 안 돼요. 친구는 몇 점 맞았는지 점수를 비교하고 싶은 생각이 들어도 그 자리에서 멈추세요. 이 점수가 나를 나타내는 전부는 아니라는 믿음을 굳게 가져요. 자신에게 실망하지 마세요. 한 번의 점수나 평가로 나는 해도 안 되는 사람으로 가능성을 축소하지 마세요. 그럼 시험에 지는 겁니다. 시험은 내가 알고 있는 것을 체크하는 용도로만 사용하는 거예요. 시험을 보고 나면 내가 알고 있는 내용과 몰랐던 내용을 정리해서 공부해 두세요. 그게 시험을 제대로 활용하는 방법입니다. 스스로 멘탈을 강하게 잡고, 그 누구도 시험 결과로 마음이를 판단하지 않게 하세요. 마음이는 시험 점수 정도로 판단할 수 있는 존재가 아니니까요. 이번 시험 결과가 다음 시험에 영향을 주지 않는 것이 시험을 가장 잘 즐기는 방법입니다. 부디 시험 점수에 지지 마세요. 나 자신을 점수로 평가하는 일을 나 먼저 멈추세요.

14

나도 우등생이 되고 싶어요

사전적
정의   **우등** 성적이 높은 등급.

엄마 어제 수행평가 봤다더니 잘 봤어?

빛길 그냥.

엄마 뭐가 맨날 그냥이야. 특별히 잘하는 거 없어? 사람마다 달란
트를 주셨다는데 너는 참.

빛길 엄마는 뭐 우등생이었어?

엄마 엄마는 당연히 우등생이었지. 엄마는 여유롭게 공부만 할 수
있는 상황이 아니었어도 엄청 열심히 공부했어.

빛길 요즘 우등생 되는 게 옛날만큼 쉬운 줄 알아? 그리고 엄마가
공부를 진짜 잘했다는 증거도 없잖아.

엄마 엄마가 너한테 거짓말을 하겠니?

빛길 엄마가 그렇게 공부를 잘했으면 나는 왜 이런데? 엄마를 닮
았으면 공부를 잘해야 할 거 아냐. 나도 공부 잘하고 싶어. 공
부를 못해서 진짜 답답한 건 바로 나라고!

* **빛길** 빛을 밝혀 세상을 이끄는 길

내 마음

엄마는 공부를 잘했대요. 지금만큼 뒷받침이 없었는데도 본인의 의지로 잘했대요. 그러면서 나는 아빠를 닮았대요. 그러면 아빠가 자기도 공부를 엄청 잘했다고 말해요. 그런데 그렇게 특별하게 공부를 잘했던 엄마와 아빠 사이에서 태어난 나는 왜 이런 거죠? 나도 우등생이 되고 싶어요. 내 마음속에서 나는 사실 정말 잘났거든요. 내가 아니면 도대체 누가 모범상을 타고 우등생이 될까 싶어요.

그런데 현실은 그게 아니더라고요. 나도 죽기 살기로 노력하거든요. 어릴 때부터 진짜 열심히 했어요. 영어 영상도 많이 봤고, 영어책도 읽을 만큼 읽었어요. 수학은 또 어떻고요. 사고력 수학부터 심화 학원까지 안 다녀본 학원이 없다니까요. 그런데도 왜 나만 이렇게 제자리인 걸까요? 노력을 안 했다면 나도 덜 속상할 텐데, 할 만큼 했는데도 안돼요. 친구들은 도대체 공부를 어떻게 얼마나 하길래 저렇게 뛰어난 걸까 궁금하답니다. 엄마 아빠가 속상해하지만 나보다 더 속상하진 않을 거예요. 우등생이 못 돼서 가장 속상한 건 나라고요. 내가 신경 쓰지 않고 괜찮은 척하니까

마치 내가 공부를 싫어하는 것처럼 생각하는데, 아니에요. 표현하지 않을 뿐이지 나도 엄청 애쓰고 노력하고 있어요. 한 번이라도 공부로 인정받고 싶어서 신경 쓰고 발버둥치고 있다고요.

내 머리 정도면 못할 게 없을 것 같은데 정말 이상해요. 나 정도의 노력이면 상위권도 그냥 상위권이 아니라 최상위권이 되어야 맞는 건데, 도대체 뭐가 잘못된 걸까요? 높은 성적을 받지 못하는 게 정말 답답해 죽겠어요. 고득점이 내 것이 아닐 이유가 도대체 뭘까요?

" 내 머리와 노력이라면 충분히 할 수 있을 것 같은데
마음처럼 안 돼서 답답함.

우리 마음

◆ 우등생의 평가 기준

마음이가 우등생이 되고 싶군요. 노력도 열심히 하는데 그게 잘
안 돼서 속상한 마음 알겠어요. 열심히 노력하는데 왜 친구들처럼
안 될까요? 마음이에게 뭔가 문제가 있는 것 같은데요, 지금부터
그 문제를 하나하나 짚어보도록 해요.

　　우리들이 흔히 말하는 우등생의 기준은 뭘까요? 시험 점수
를 잘 받는 친구를 우등생이라고 부르죠. 혹은 선생님이 말씀하
시는 것을 잘 따르는 친구를 우등생과 비슷하게 모범생이라고 불

러요. 어릴 때는 그런 친구들이 대우를 많이 받아요. 초등학교 방학식에 상장을 받은 친구를 보면서 '저 친구와 내가 다른 점이 무엇이지?' 하고 한 번쯤 생각해 봤을 거예요. 마음이도 나름 열심히 학교생활하고 선생님 말씀도 잘 따랐잖아요. 그런데 왜 나는 우등생이 될 수 없냐 이거죠. 초등학교 때는 그래도 성적으로 순위를 매기지는 않으니까 괜찮아요. 하지만 차차 중학교, 고등학교에 갈수록 점수로 여러분을 판단하는 일이 많잖아요. 도대체 어떻게 해야 높은 점수를 받아서 우등생이 되는지 궁금할 거예요. 지금이라도 그 방법을 알아서 노력하고 싶은 거죠. 이런 생각을 하는 것만 보더라도 마음이는 모범생이 맞아요. 우리 친구들 마음속에는 모두 그런 마음이 있을 거예요. 공부를 잘해서 인정받고 싶고, 좋은 점수를 받아서 자기 존재를 알리고 싶은 마음 말이에요. 마음먹은 대로 안 돼서 문제긴 하지만요. 때로는 노력해 봤지만 안 돼서 포기하고 공부에서 손을 떼는 친구들도 있어요. 계속되는 자신과 친구들과의 비교 때문에 힘들어하기도 하고요.

그럼 이쯤에서 우등생이 되려면 어떻게 해야 할까 생각해 볼까요? 우리 마음이들이 생각하는 공부의 현실적인 목표가 대입이라고 칩시다. 그럼 대학에 가는 관문인 수능 시험을 잘 보면 되겠네요. 수능의 출제 방향을 알아볼까요? 수능은 학교 교육 내용을 얼마나 충실하게 학습했는지를 평가하기 위해 고등 교육 과정의 내용과 그 수준에 맞춰 출제한다고 해요. 그러니까 수능에서 가장 중요한 것이 학교 교육 과정이네요. 수능도 이럴진대 다른 시험은 어떨까요? 마음이는 혹시 학교 수업보다 학원 수업에 집중한 적이 있나요? 또는 학교 숙제보다 학원 숙제에 열심이었던 적은요? 혹시 그랬다면 이제껏 마음이가 생각했던 기준들이 잘못되었던 건 아닐까 생각해 봐야겠어요. 자신이 생각했던 평가 기준이 잘못된 거라면 바로잡아야겠지요? 그게 바로 우등생이 되는 시작점일 거예요. 명심해야 할 것은 학교 수업에 충실해야 그 평가에서 높은 점수를 받을 수 있다는 거예요. 지금부터 학교 공부에 더 신경 써보세요. 이것에서부터 우등생이 될 가능성이 시작될 거예요.

◆ 진짜 우등생이 되려면

열심히 학원 다닌다고 우등생이 되는 게 아니라는 걸 이제 알았나요? 바로 평가 기준을 알고 거기에 맞는 공부 방향을 설정해야 되는 거였군요. 진짜 우등생이 되려면 공부의 방향을 제대로 잡았어야 했어요. 성실하게 공부하는 것은 좋아요. 자신의 가능성을 믿고 꾸준히 하다 보면 좋은 결과가 나올 거예요. 하지만 방향이나 방법이 잘못되었다면 결코 원하는 결과를 얻지 못하겠죠. 그동안 성실하게 공부했고 마음이 능력도 나쁘지 않은데 결과가 안 나오니까 이상하다 싶었을 거예요. 그건 지금까지의 방향이나 방법이 잘못되었던 것임을 깨달아야 합니다. 수학 문제를 풀 때 문제에서 잘못된 것을 찾으라고 했는데 바른 것을 찾는다면 정답을 맞힐 수 없지요? 그것과 같아요.

그럼 방향과 방법을 어떻게 점검할 수 있을까요? 이때 필요한 것이 진짜 나의 실력과 방법을 점검해 보는 거예요. 흔히 '메타인지'라고 하죠. 내가 진짜 모르는 것과 아는 것을 구분하는 거예요. 모르면서도 안다고 착각하지 않기 위해서 자신의 현 위치를 제대로 점검해야 해요. 내가 진짜 알고 있는 것과 모르는 것에 솔직해지는 거죠. 내가 나를 객관적으로 판단할 수 있어야 해요. 그래서 모르는 그 자리에서 시작하는 겁니다.

나에게 가장 맞는 공부 방법이 무엇인지 찾는 것도 중요해요. 이건 학원에 아무리 다닌다고 해도 알 수가 없어요. 마음이에게 딱 맞는 방법은 마음이만 찾을 수 있거든요. 이 방법 저 방법 시도해 보고 스스로에게 맞는 방법을 찾아내는 것은 결국 본인의 몫이에요. 시간이 오래 걸리고 찾다가 실망할 수도 있지만, 그 실패의 경험들이 쌓이게 되면 결국 나만의 공부 방법을 찾게 될 거예요. 가령 단어를 외우는 방법도 여러 가지가 있잖아요. 그림과 연결해서 외우거나 어원을 이해해서 외우거나 재미있는 연상법으로 외우는 것도 있죠. 그 방법들 중에서 어떤 것을 취사선택할지는 마음이의 선택이랍니다. 누가 대신해 줄 수 있는 게 아니에요.

마음이에게 맞는 공부 방법을 찾고 수업 시간에 배운 것들을 충실하게 익히다 보면 마음이도 언젠가 원하는 대로 우등생이 될 수 있을 거예요. 꾸준히 해야 하고 여러 번 시도해 봐야 하는 일입니다. 하나씩 이뤄가는 기쁨과 보람을 주는 일이니까 기꺼이 마음이의 에너지를 그쪽에 투자해 보세요.

15 나는 열등한 존재예요

사전적
정의

열등 수준이 보통보다 낮음.

엄마　새솔아, 혹시 이거 시험지니?

새솔　왜 내 방에 마음대로 들어와서 뒤져? 이리 줘.

엄마　아니, 이게 뭐냐고 묻잖아. 쪽지 시험 본 거 같은데 맞은 게 거의 없잖아.

새솔　왜 남의 걸 함부로 만지냐고!

엄마　남의 거라니? 그리고 시험 수준이 그렇게 높지도 않던데 점수 봐라.

새솔　내가 멍청해서 그래. 나 멍청한 거 이제야 알았어?

엄마　아니, 뭘 잘했다고 성질이야. 노력 안 해서 점수 못 맞은 거 생각은 안 하고 멍청이? 그래, 멍청해서 좋겠다.

새솔　내가 노력했는지 안 했는지 알지도 못하면서 막말하지 마.

엄마　시험지 보니까 안 봐도 비디오야.

새솔　그만하고 나가. 그리고 다시는 내 방에 함부로 들어오지 마.

* 새솔 새로 난 소나무의 푸르름처럼

내 마음

내 고민은요 내가 너무 못났다는 거예요. 잘하는 거는 기대도 안 해요. 남들보다 못하지만 않았으면 좋겠는데, 결과는 늘 참담해요. 친구들은 누구나 쉽게 한 번쯤은 백 점을 맞지 않나요? 그런데 나는 그 흔한 백 점이 그렇게 힘들어요. 차라리 포기하는 게 마음이 편해요. 노력했는데 안 된다면 너무 비참하지 않겠어요? 포기하면 해보지 않아서 모른다고 변명이라도 할 수 있잖아요.

엄마는 왜 해보지도 않고 포기하냐며 뭐라 하지만 아니에요. 노력해도 안 될 바엔 포기하는 게 마음이 편해요. 다른 사람의 성공을 봐도 자극이 되기보다 축하해 주는 마음이 커요. 어차피 올라가지도 못할 산을 바라보면 뭐해요? 마음만 불편하지 않겠어요? 나와는 수준이 다른 아이들이니 인정해 주는 게 빠르죠.

어차피 내 인생은 이생망^{이번 생은 망했다}이에요. 다시 태어나기 전엔 안 돼요. 어디서부터 시작해야 할지도 모르겠거든요. 나는 나를 포기했는데 부모님은 아직 아닌가 봐요. 끊임없이 나를 또래 친구들과 비교하면서 비난해요. 도무지 기대를 놓질 않아요. 어차피 안 되는 거라고 생각하면 편할 텐데 말이죠. 왜 포기가 안 될까요? 나도 속상해요. 해도 안 된다는 생각에 힘이 빠진다고요. 무기력하게 있는 나를 자꾸 자극하니까 나도 소리를 지르고 화를 낼 수밖에 없어요. 나는 어차피 해도 안 되는데, 자극하고 귀찮게 하니까 너무 짜증 나요. 나를 그냥 가만히 놔뒀으면 좋겠어요. 머리가 나빠서 안 되는 걸 어쩌라는 걸까요? 답답한 내 마음을 아무도 이해 못할 거예요.

열등	▪ 공부도 못하고 멍청하고 잘하는 게 하나도 없는 나 자신.
마음 사전	

우리 마음

⭐ 비교의 늪

주위 친구들이 마음이보다 훨씬 낫다고 느끼는군요. 친구는 과하게 높이 평가하고 나는 낮게 평가하는 것을 '열등감'이라고 해요. 자신은 어차피 해도 안 된다고 스스로 생각하는 거죠. 남들이 무시해도 당연한 거라고 받아들여요. 가끔 부모님까지 무시할 때는 욱할 때도 있지만 대부분은 당연한 대접이라고 생각하는 것이 열등감을 가진 사람들의 특징이에요. 힘들고 어려운 일이 생기면 '내가 나빠서 그런 일이 생겼다'고 해석하죠. 이런 친구들에겐 미래에 대한 기대가 전혀 없어요. 오직 과거에 대한 후회뿐이죠. 어차피 해도 안 될 거라고 생각하니까 기회가 주어져도 잡을 생각을 안 하고 성장할 기회를 스스로 없애버리죠. 마음이 안정적이지 않기 때문에 감정적으로도 자주 폭발해요. 무시당해도 된다고 자신을 업신여기면서도, 막상 그런 대우를 당하면 화가 나죠. 남에게 무시당하는 건 싫지만 열등한 스스로를 개선해보고 싶은 마음도 안 생기는 건 뭘까요? 내 마음이지만 알기 어려운 마음일 거예요.

열등감은 자신을 남과 비교하는 것에서 생겨요. 그런데 남과 비교해서 내가 도드라지게 잘해 보이기가 쉬울까요? 아니죠. 늘 스스로가 부족해 보이죠. 그러니 비교하면 행복할 수가 없어요. 우울해질 뿐이죠. 비교하면서 가장 낮은 곳으로 자신을 보내는 일을 반복하는 것이 열등감의 가장 큰 문제랍니다.

★ 가능성 바라보기

열등감을 해결하기 위해서는 내가 노력해서 뭔가를 바꿔보는 작은 성취의 경험이 필요해요. 작은 성취를 통해서 조금씩 자신의 가능성을 보게 되니까요. 자기 자신이 할 수 있는 것에 대하여 객관적으로 판단해 보세요. 혼자서 못하겠으면 주위 사람들에게 물어봐도 좋아요. 나의 장점과 내가 잘하는 것이 무엇인지요. 장점과 가능성에 대해 듣기 시작하면 조금씩 자신감이 생기기 시작할 거예요. 아주 작은 것이라도 좋아요. 작은 것일수록 성취를 이루는 게 쉬우니까요. 작은 성취라고 무시하지 말아요. 대단한 것을 이뤄낸 것처럼 기뻐하세요. 그러다 보면 어차피 못할 거라는 감정에서 벗어날 수 있을 거예요.

나를 지지해 줄 수 있는 주변 사람들에게 지원을 받는 것도 좋아요. 마음이를 존재 자체로 인정해 줄 수 있는 사람이요. 부모님은 일단 아니라고요? 그렇게 생각하지 말아요. 부모님은 언제나 마음이의 가장 큰 지지자가 될 수 있어요. 자신의 열등감에 대해서 솔직하게 고백하고, 그럼에도 잘하고 싶다고 부모님께 말해 보세요. 부모님이 반드시 도움을 주실 거예요. 마음이를 가장 사랑하는 사람은 부모님이니까요.

작은 도전을 할 때는 다른 사람을 의식하지 말고, 그 작업에 집중하세요. 비교하는 마음을 없애는 것이 중요해요. 나와 타인의 결과물을 비교하는 습관은 도움이 되지 않아요. 당분간은 타인의 시선과 결과를 신경 쓰지 마세요. 옆 사람의 성과와 비교하는 것은 조금 더 자신감이 붙었을 때 해도 늦지 않아요. 현재 자신의 능력과 가능성에 대해서만 집중하세요. 작은 것이지만 도전하고자 하는 의지가 생긴다면 그것만으로도 좋아요. 그렇게 시작하는 거예요.

16 원래 머리가 나빠요

소아　나는 진짜 멍청해. 제대로 하는 게 없어.

엄마　우리 딸이 왜 이렇게 심통이 가득 났을까? 학교에서 무슨 일
　　　이 있었어?

소아　수학 시간에 창의적으로 문제를 풀어보라고 선생님이 문제
　　　를 내셨는데 애들은 정말 잘 풀더라. 근데 나는 아무 방법도
　　　떠오르지 않는 거야. 난 진짜 머리가 나쁜가 봐.

엄마　우리 딸이 머리가 나쁘다기보다 수학 기본기가 약해서 그렇
　　　지. 네가 요즘 수학 공부를 소홀히 하긴 했잖아.

소아　그런가? 머리가 나쁜 게 아니었을까?

엄마　학교에서 배우는 내용은 노력해도 이해 못할 정도의 내용은
　　　없어. 머리 때문이라기보다는 노력 부족이 아니었을까?

소아　머리든 노력이든 뭐가 맨날 부족해. 진짜 한심해!

* **소아** 소담스럽고 아름다운

내 마음

아무리 생각해도 나는 머리가 나쁜 거 같아요. 친구들은 너무나 쉽게 해내는 걸 나는 못해요. 한 번에 이해하기가 쉽지 않아요. 천천히 하나하나 이해해야 하니까 시간이 오래 걸려요. 게다가 한 번 공부해서는 이해하기도 어려워요. 여러 번 반복해야 그제야 겨우 이해가 돼요. 이해하는 속도도 남들보다 훨씬 느린 거 같아요. 애들은 이해하고 고개를 끄덕이고 있는데 나는 멍하고 있을 때가 많거든요.

엄마는 그게 아니래요. 그게 내 스타일이래요. 사람마다 새로운 정보를 받아들이는 스타일이 다른 거라고요. 나는 꼼꼼하게 이해하면서 정보를 차근차근 받아들인대요. 시간이 많이 걸리지만 꼭꼭 씹어서 이해하니까 오래 기억에 남는 거라고 하셨어요. 하지만 동의할 수가 없어요. 뭐 그런 스타일이 다 있어요? 왜 하필 많고 많은 스타일 중에 그런 멍청이 스타일이냐고요. 스스로도 답답해 죽겠어요.

다른 애들은 머리가 잘도 돌아가요. 친구들하고 같은 잘못을 해도 나만 혼나요. 친구들은 핑계를 엄청 빨리 만들어내거든요. 나는 멍청히 있다가 모두 다 내 잘못이 되기도 해요. 내 동생만 해도 달라요. 눈치가 엄청 빨라서 별 노력도 안 하는데 한번 쓱 보고 새로운 걸 잘 받아들여요. 엄마는 동생이 열심히 노력해서 익힌 게 아니라 금방 잊어버릴 거래요. 나처럼 차분하고 꼼꼼하게 익히는 노력이 필요하다고 하시거든요. 하지만 내 생각은 달라요. 아무리 노력해도 머리 좋은 건 따라가기 힘든 것 같아요. 하나를 설명할 때 하나를 겨우 이해하는 사람과 그걸로 두세 개를 활용해서 이해하는 사람은 출발부터가 차이가 나죠. 머리 좋은 친구와 눈치 빠른 동생이 많이 부러워요. 머리 좋은 사람은 다 부러워요. 나는 왜 이렇게 머리가 나쁜 걸까요? 머리가 나빠서 맨날 고생인 내가 너무 한심해요.

머리가 나쁘다

ˉ 노력해도 안 되는 두뇌의 한계가 있다.

마음 사전

우리 마음

✳ 진짜 머리가 나쁜 걸까?

진짜 솔직하게 대답해 보세요. 스스로 머리가 나쁘다고 느낀 적이 있나요? 남과 비교하지 않고 나 스스로 무언가를 익힐 때 진짜 머리가 나빠서 이해하지 못했던 적이 있는지 묻는 거예요. 한 번에 딱 알아듣고 이해하기는 어려웠을지도 몰라요. 하지만 차근차근 나눠서 천천히 곱씹고 생각해 보면 다 이해가 되었을 거예요.

　　마음이가 머리가 나쁘다고 느끼는 이유는 실제로 그렇다기보다는 비교 때문에 그럴 수 있어요. 정보를 받아들이고 파악하는 속도는 사람마다 달라요. 그런데 주변에 속도가 빠른 사람과 비교하다 보니 상대적으로 머리가 안 좋은 것처럼 느껴지는 거죠. 학교 공부를 하면서 머리가 나빠서 끝내 이해하지 못했던 경험은 없잖아요. 속도의 차이일 뿐이에요. 남들보다 머리가 나빠서 문제가 되는 건 아니었을 거예요.

반대로 머리 좋은 사람이 성과를 이뤄내는 결과치도 높을까요? 결코 그렇지 않아요. 명문대생의 IQ를 조사해 보면 생각보다 높지 않아요. 서울대 학생들의 평균 지능은 117 정도라고 해요. 생각보다 많이 높지 않죠? 이는 머리가 좋아서 명문대에 간 게 아니라는 걸 의미해요. 평범한 친구들이 노력해서 좋은 성과를 이뤄내는 경우가 그만큼 많아요. 그러니 언제까지 머리 탓만 하지 말아요.

✹ 자신만의 공부 방법 찾기

타고난 머리보다 더 중요한 것은 자신만의 공부 방법을 찾는 거예요. 마음이가 주로 활용하는 자극 유형을 분석해서 활용하는 거죠. 시각 자료를 사용할 때 기억에 잘 남고 이해가 잘 되는 친구가 있어요. 소리를 사용해서 반복적으로 정보를 들을 때 이해가 빠른 친구도 있죠. 본인이 어떤 방식의 자극에 민감하게 반응하는

지를 알고 그것을 활용해서 공부하는 거예요. 외우는 방법도, 이해하는 방법도 가지각색이에요. 여러 번 반복해야 외워지는 친구가 있는 반면, 이해하지 않고서는 절대 외우지 못하는 친구도 있답니다. 여러 가지 시도를 통해서 나에게 맞는, 가장 성과가 좋은 방법을 찾아야 해요. 내가 머리가 나빠서 이해를 못 하고 공부 결과가 좋지 않았다기보다는 방법을 잘못 찾았을 수 있으니까요. 이제 머리 탓은 그만하세요. 나에게 맞는 공부 방법을 찾는 게 무엇보다 중요하답니다.

✳ 노력으로 만회 가능

매년 입시가 끝나면 여러 매체에서 수능 만점자들을 인터뷰하며 수능 만점의 공부 비결을 질문합니다. 그럼 만점자들이 뭐라고 할까요? 원래 머리가 좋은 편이라고 했을까요? 아니에요. 그들이 말하는 방법은 한결같죠. 교과서를 잘 읽었고 학교 수업에 충실했다고 해요. 교과서와 수업 시간이 비결이라니 참 이상하죠? 그건 누구나 하고 있는 건데, 그게 비결이라면 모두 다 만점을 받아야 맞아야 하잖아요. 똑같이 공부했는데 왜 결과는 다르냐고요.

　말도 안 된다고 하기 전에 돌아볼 게 있어요. 마음이 스스로 얼마나 교과서를 중요시했나 한번 생각해 봐요. 교과서에서 한 단어도 내용이 이해가 안 되는 곳이 없었나요? 그만큼 교과서를 깊이 있게 이해하고도 안 된다고 투덜거리는지 궁금해요. 교과서에서 모르는 내용이 있으면 끝까지 파고들어서 알고 나서야 다음 진도를 나갔나요? 아니면 "교과서가 뭐 중요해!" 하고 무시하면서 문제집만 계속 풀지는 않았나 한번 생각해 보세요. 교과서는 그 분야에서 가장 전문가인 사람들이 보편적인 학생도 이해할 수 있도록 집필한 책이에요. 허투루 다룰 교재가 아니랍니다. 마음이는 교과서를 얼마나 이해하고 진도를 나갔는지 되짚어 생각해 봐야 해요.

수업 시간도 마찬가지예요. 선생님의 강의를 집중해서 충실하게 듣는 것도 중요하지만, 수업 시간에 얼마나 스스로 질문을 하면서 들었는지 생각해 보세요. 본인이 모르는 내용에 대해서 의문을 갖고 질문을 던졌느냐는 겁니다. 그리고 그 질문이 해결될 때까지 집요하게 파고드는 노력을 했는지 궁금해요. 그렇게 노력을 하고 나서야 말이 된다 안 된다를 논할 수 있겠지요. 인터뷰를 한 친구들은 그렇게 치열하게 노력해 본 친구들인 거죠. 수업과 교과서를 완벽하게 자기 것으로 만들고, 그 후 시간이 남으면 문제집으로 익힌 내용을 반복적으로, 다양한 측면에서 활용하려고 했을 거예요.

마음이는 그렇게 열심히 노력했는지 한번 되돌아봤으면 해요. 환경을 탓하기 전에 노력이 얼마나 담겼는지가 중요해요. 그 과정에서 꼼꼼하게 기울이는 노력이 성과를 만들어내지요. 머리 탓, 환경 탓은 이제 그만하기로 해요. 평범한 우리도 충분히 좋은 결과를 노력으로 만들어 낼 수 있답니다.

17 공부가 마음대로 되지 않아요

사전적 정의   **공부** 학문이나 기술을 배우고 익힘.

수리 에이씨, 뭐야. 안 되잖아.

엄마 수리야, 왜 그래? 왜 욕을 하고 그래?

수리 짜증 나서 그래. 『공부 잘하는 법』이라는 책에 수학 공부법이 나와 있어서 해봤는데 안되잖아.

엄마 그래? 너한테 안 맞는 방법이었을 거야.

수리 공부법이 맞고 안 맞는 게 어디 있어?

엄마 아니야, 사람마다 맞는 공부법이 달라. 시각 자극을 잘 받아들이는 사람이 있고 들으면서 공부하는 게 빠른 사람도 있어. 또 쓰면서 외워야 잘 외우는 스타일도 있지. 너한테 맞는 방법이 아니었을 거야.

수리 진짜 방법이 잘못된 거였나? 나도 잘할 수 있을까?

엄마 그럼 잘할 수 있지. 차차 너에게 맞는 공부법을 찾아가는 거야. 엄마하고 함께 그 방법을 찾아보도록 하자.

수리 알았어. 엄마 말을 들으니 기분이 나아졌어. 고마워.

* **수리** 하는 일에서 우두머리

내 마음

나도 공부를 잘하고 싶어요. 한다고 해도 잘 안돼서 계속 짜증만 나요. 엄마는 내가 노력도 안 하고 시도조차 하지 않으면서 짜증낸다고 뭐라 하죠. 그런데 진짜 내 마음을 몰라서 그러는 거예요. 내가 공부에 관심이 없는 게 아니에요. 공부를 잘하고 싶은 마음이 얼마나 많은데요. 진짜 진짜 잘해서 나도 공부로 잘난 체를 해보고 싶어요. 그래서 부모님께도 당당해지고 싶은데 마음처럼 되지 않으니 속상한 거죠.

　　우리 반에도 공부에 특출한 친구가 있어요. 그 친구가 만들어 온 자료를 보면 깜짝 놀라요. 너무 퀄리티가 높아서 진짜 부러워요. 선생님들도 그 친구라면 인정하고 칭찬하세요. 그걸 보고 있으면 질투도 나고 자괴감도 들어요. 나도 노력을 안 해본 게 아니니까요. 공부를 잘하고 싶은데 어디서부터 어떻게 해야 할지 모르겠어요. 엄마는 맨날 공부해라 잔소리만 하지, 어떻게 해야 공부를 잘하게 되는지 방법은 가르쳐 주지 않아요. 나는 어떻게 해야 쉽게 이해를 할 수 있는지 몰라요. 노트 필기를 잘하는 방법이나 수업 시간에 집중하는 법을 누가 알려줬으면 좋겠어요.

집중을 하라고는 하는데 어떻게 하는 건지 몰라요. 선생님을 뚫어져라 쳐다보고 있으면 잠이 와요. 집중하려고 눈을 부릅떠 보지만 소용없어요. 공부도 재능이라는데 나는 공부 재능은 없나 봐요. 학교에서 제일 인정받는 게 공부니까 그걸로 한 번쯤은 인정받고 싶은데 그게 안 돼서 너무 속상해요. 어떻게 해야 공부를 잘하게 되는지 궁금해요. 누가 방법 좀 가르쳐주면 안 되나요?

¯ 제일 잘하고 싶은, 그러나 마음대로 되지 않는 것.

우리 마음

❋ 공부 잘하고 싶다!

부모님들은 모르죠. 마음이가 사실 제일 잘하고 싶은 게 공부라는 걸 말이에요. 학교에서 공부로 인정받는 친구들을 보면 너무 부럽죠. 마음이도 저렇게 되고 싶다고 얼마나 간절히 원하는지 부모님은 모르실 거예요. 너는 왜 이렇게 욕심이 없냐고 하시지만 욕심이 없는 게 아니거든요. 어떻게 해야 하는지 몰라 막막한 거죠. 엄마 아빠는 공부 방법은 가르쳐 주지도 않으면서 잔소리만 해요. 공부를 잘해서 학교에서 잘난 척하고 싶은 마음이의 속내를 누가 알겠어요. 그게 안 돼서 스스로도 애가 탄다고요. 부모님께 더 멋진 모습, 잘하는 모습을 보여주고 싶은데 안 돼서 속상해요. 그런데 이런 마음이 속도 모르고 화만 내는 부모님이 서운하죠. 공부를 안 하려고 그러는 게 아닌데 말이에요.

공부 방법을 알려주는 책을 봐도 도통 모르겠지요. 책대로 하면 반드시 우등생이 된다고 하는데 믿어지지 않아요. 책에선 모든 게 너무 쉽거든요. 책을 쓴 사람은 아마 처음부터 공부를 잘했거나 공부에 재능이 있었던 사람이었을 거라 생각되죠. 평범한 사람이 갑자기 그 방법으로 공부를 잘하게 된다는 건 믿기지가 않잖아요. 그래서 포기할까 싶은 생각도 들 거예요.

❋ 공부 잘하는 방법

도대체 공부를 잘하는 방법은 무엇일까요? 이제부터 진짜 공부를 잘하게 되는 방법을 알려줄 테니 잘 들어 보세요. 공부를 잘하는 방법은 사람마다 달라요. "에이, 뭐예요!" 하고 또 실망했나요? 하지만 진짜예요. 공부를 잘하는 누군가의 방법이 꼭 다른 사람에게도 맞는 것은 아니에요. 학습법 책을 사서 거기에 나온 방법대로 따라 해 봐도 성적이 안 오른다면 그건 그 공부 방법이 마음이와 맞지 않는 것뿐이에요. 마음이가 가능성이 없는 게 아니고요.

그렇다면 어떻게 해야 할까요? 여러 가지 방법을 활용해서 공부를 해봐야겠죠. 좋다는 갖가지 방법을 다 시도해 보는 거예요. 실패하더라도 실망하지 말고 나에게 맞는 방법을 꼭 찾아낼 거라고 믿으세요. 금세 포기하면 안 돼요. 그렇게 쉽사리 무언가를 이룰 수는 없어요. 끊임없이 노력해야 해요. 그 과정에서 한두 개씩 나에게 맞는 방법을 찾아가는 거죠. 인생이 그래요. 뭐든 쉽게 얻은 것은 쉽게 사라지죠. 여유를 가지세요. 언젠가는 찾을 수 있다는 믿음을 가지고 천천히 하나씩 도전해 보는 거예요. 그러다 보면 언젠가는 자기에게 맞는 방법을 찾아 좋은 결과를 얻을 거예요. 과목마다 마음이에게 잘 맞는 방법이 다를 거예요. 책이나 유튜브를 통해 추천 공부법을 배운 다음 나에게 맞는 방법을 찾을 때까지 도전해 보세요. 찾을 수 있을 거예요. 그 방법을 통해 자신감을 얻게 될 거예요. 자신에 대한 믿음이 공부를 잘하게 되는 첫 시작이랍니다.

18 취미가 있다면 좋을 텐데요

사전적 정의   **취미**   전문적으로 하는 것이 아니라 즐기기 위해 하는 일.

자올   아~ 빵 만들고 싶다.

엄마   어제도 만들었잖아. 빵이 그렇게 맛있어?

자올   빵이 맛있기도 하지만 만드는 과정이 너무 재밌어.

엄마   그래? 어떤 빵 만드는 게 제일 재밌어?

자올   쿠키 만드는 게 제일 좋아. 자유롭게 쿠키 모양을 만들 수 있 잖아. 내 창의력을 마음껏 발휘할 수 있어.

엄마   너는 빵 만드는 게 제일 좋아?

자올   지금은 그렇지. 하지만 그것 말고도 하고 싶은 게 엄청 많아. 도자기 만드는 것도 배워보고 싶고, 가죽공예도 재미있겠더 라. 운동도 제대로 배워보고 싶어.

엄마   좋다 좋아. 근데 거기에 공부도 하나 추가하면 좋겠네.

자올   난 공부만 빼고 다 좋아.

엄마   뭐야? 이 녀석이!

* **자올** 모든 사람과 친하게 지내는

내 마음

요즘 제일 재미있는 건 빵 만들기예요. 학원에 가서 배울 시간은 안 돼서 인터넷에서 레시피를 찾아서 만들고 있어요. 레시피대로 재료를 넣고 순서대로 베이킹을 하면 빵이 뚝딱 만들어져요. 너무 행복하죠. 내가 무엇이든 만들 수 있는 사람이 된 것 같아 기분이 무척 좋아요. 간단한 것부터 하고 있는데 빵집에서 사는 것보다 훨씬 맛있어서 가족들도 좋아해요. 멋지게 만들어서 SNS에 올리면 '좋아요'도 많이 받아요. 재미있게 하는 일로 칭찬도 받으니까 너무 행복하답니다. 살아 있음을 느껴요. 매일매일 빵만 만들었으면 좋겠어요. 공부는 잘 못하니까 칭찬받을 일이 없는데 베이킹은 달라요. 다른 친구들은 공부하느라 이렇게 취미를 즐기지 못하겠죠? 평일에는 시간이 별로 없는데 주말에는 빵 만드는 데 시간을 충분히 사용할 수 있어 너무 좋아요.

주말에 매번 다른 빵을 만들 생각에 검색하고 재료를 준비하는 일이 정말 기대돼요. 얼마나 오랫동안 이게 즐거울지는 모르겠지만 지금은 그래요. 사실 이것 말고도 하고 싶은 게 많아요. 빵 만들기는 엄마가 권해주셔서 시작한 거고, 무엇보다 게임이 실제적인 취미죠. 게임은 엄마가 엄청 싫어해서 취미 취급도 안 하지만 나한테는 제1의 취미예요. 게임에 너무 집착하다 보니 엄마가 걱정을 많이 하시죠. 하지만 내가 즐겁게 즐길 수 있으면 된 거 아닌가요? 빵 만드는 것에 밀려서 주말에 게임하는 시간이 줄긴 했어요. 그래도 제일 하고 싶은 게 게임인 건 변함없는 사실이죠. 게임을 하면서는 나의 존재감이 살아나요. 게임 속에서는 내가 무엇이든 할 수 있는 사람이라는 느낌이 들어 정말 좋아요.

취미	⁻ 행복한 기분을 느끼게 해주는 일.
	⁻ 스트레스에서 벗어나게 해주는 활동.
마음 사전	

우리 마음

▶ 취미 즐기기

취미가 뭐냐고 물으면 대답을 못 하는 친구들이 많아요. 즐겁게 즐기는 취미 활동이 없는 경우가 진짜 많거든요. 자올이 같은 경우는 운 좋게도 빵 만들기라는 취미를 찾았네요. 게임을 제1의 취미라고 여기고 몰두하는 것 때문에 엄마가 따로 추천해 주신 취미 같아요. 자올이가 즐겨서 다행이죠. 대부분의 마음이는 취미를 찾지 못한 경우가 많을 거예요. 활동 위주의 취미를 통해서 스트레스도 풀고 마음을 느슨하게 해주면 좋은데 말이죠. 공부에 치여서 특별한 취미를 갖기가 힘들 거예요.

취미를 즐기며 여유로운 시간을 갖고 싶은데 학생 때는 그게 허용이 잘 안되죠. 안타까워요. 평일엔 학교 끝나고 학원 다녀와서 숙제하고 나면 잘 시간이잖아요. 잠깐 쉬는 시간에 핸드폰으로 이것저것 검색하다 보면 엄마의 잔소리가 또 시작되죠. 제대로 스트레스를 풀 기회도 없이 하루가 지나가요. 주말에라도 뭔가 해볼까 하지만 딱히 생각나는 게 없죠. 핸드폰을 가지고 노는 게 다일 거예요. 다양한 취미를 접해본 적도 없고 혼자서 해보자니 준비물도 많고 귀찮기도 하고요. 제일 만만하고 쉬운 휴대폰 가지고 놀기가 마음이의 첫 번째 취미가 되었을 거예요. 휴대폰 속 세상은 무궁무진하니까 따로 취미의 필요성을 느끼지 못할 수도 있어요. 취미를 갖고 싶은 마음은 다른 사람의 동영상을 보는 것으로 대리 만족하죠. 나는 못 하지만 그 사람이 재미있게 하는 모습을 보면서 부러운 마음을 키우고 있을 거예요.

ⓧ 제1의 취미, 게임

취미가 뭐냐고 물으면 스마트폰 게임이나 유튜브라고 말하는 친구들이 많아요. 딱히 다른 취미를 해본 적이 없고 그게 제일 재미있을 거예요. 특히 게임은 친구들과 함께 온라인에서 대화하면서도 할 수 있으니까요. 게다가 게임은 노력한 만큼 레벨도 올라가고 승부가 명확하게 나니 성취감을 주지요. 게임은 그야말로 취미 중에서도 흥미로운 취미 활동이에요.

여자 친구들은 SNS도 또 하나의 취미죠. 예쁘게 단장하고 자신의 모습을 찍어서 업로드하거나 예쁜 카페 사진을 올리는 거예요. 거기서 친구들의 '좋아요'도 받고 답방도 가면서 시간을 보내는 경우가 많죠. 현실은 공부에 시험에 우울하지만, SNS에서는 행복한 모습만 보여줄 수 있어서 좋을 거예요. 썩 괜찮아 보이는 내 모습에 자신감이 생기니까요.

예전처럼 활동적인 취미를 즐기거나 예체능에서 취미를 찾기는 쉽지 않아요. 마음이 그만큼 바쁘니까요. 한때 취미 하면 독서라고 말했던 시절이 꿈만 같죠. 요즘엔 독서라 하면 스마트폰으로 웹툰이나 웹 소설을 읽는 게 다지요. 부모님은 마음이가 하루 종일 휴대폰만 만지작거리고 있으면 나가서 놀기라도 하라는데 나가봤자예요. 친구들도 모두 사이버상에 있으니까 밖에 나가도 같이 놀 사람이 없거든요. 대신 3D로 나의 아바타를 꾸미면서 놀기도 하지요. 그 공간에서는 현실에서의 본인과 전혀 다른 모습으로 변신이 가능해요. 얼마든지 다른 내 모습을 표현할 수 있어 카타르시스를 느낀다는 친구들도 많아요. 늘 공부하느라 빡빡한 현실에서 그나마 즐길 수 있는 부분을 찾아 즐기고 있는 거예요. 부모님이 인정해 줬으면 좋겠어요. 그나마 할 수 있는 것 중에 가장 건전한 취미 생활을 하고 있다는 걸 말이에요.

　가끔은 오프라인에서 취미를 즐길 수 있는 기회도 생길 텐데, 그건 놓치지 않으면 좋겠어요. 물론 사이버상에서도 자신을 드러낼 수 있지만, 사람과 사람이 만나서 몸을 사용해서 할 수 있는 취미도 도전해 보세요. 내 몸을 직접 움직여 누리는 취미는 또 다른 희열을 느끼게 하니까요. 다양한 공간에서 여러 형태의 취미를 누리면서 나의 세계를 확장시켜 나가 보세요. 세상은 넓고 취미는 무한하니까요.

19 너무나 튀고 싶어요

사전적
정의

튀다 차림새나 행동·말 따위가 유난스러워 다른 사람
의 시선을 끌다.

엄마   슬예야, 외출 준비 마쳤으면 나가자.

슬예   잠깐만! 거의 다 됐어. 조금만 기다려줘.

엄마   우리 딸이 무슨 멋을 내느라고 이렇게나 준비 시간이 길까?

슬예   금방 다 돼. 재촉하지 마.

엄마   슬예야, 그거 엄마 바바리코트잖아. 그거 입고 갈 거야?

슬예   멋지지 않아? 이 코트가 예쁜 거 같아.

엄마   멋지긴 한데 네 나이에 어울리지 않잖아.

슬예   뭐 어때? 내가 멋지면 그만이지.

엄마   너 친구들 사이에서 튀는 거 싫다 하지 않았니?

슬예   오늘은 애들이랑 만날 일 없는 코스야. 상관없어. 너무 맘에
　　　드는데 엄만 왜 그래?

엄마   아니야. 평소에 네가 하던 말이랑 달라서 그렇지 괜찮아.

슬예   다 됐어, 엄마. 가자.

* **슬예** 슬기롭고 예쁜

내 마음

나는 나만의 색다름을 갖고 싶어요. 물론 친구들과 비슷한 생각을 갖고 튀지 않는 것도 중요하죠. 친구들 사이에서 왕따가 되고 싶지는 않으니까요. 하지만 친구들과 조금은 색다른 나만의 포인트를 갖고 싶어요. 가방에 나만의 액세서리를 단다거나 핸드폰 케이스를 색다르게 꾸미는 것 정도로는 성에 안 차요. 세상에서 그 누구도 갖지 못한 나만의 독특함을 갖고 싶거든요. 그래서 주말에는 나만의 스타일로 꾸며본답니다. 오늘은 엄마의 바바리코트가 마음에 들었어요. 뭔가 어른스러운 느낌이 좋았죠. 엄마는 대학생인 줄 알겠다고 나를 놀렸지만 나쁘지 않았어요. 어른 같아 보인다는게 나의 고급스러운 정체성을 나타내는 것 같아서 마음에 들었죠.

　나는 무난한 건 싫어요. 나만의 독특함을 세상에 보여주고 싶어요. 작은 포인트로 나만의 개성을 드러내고 싶죠. 남들과는 다른 나를 나타내고 싶은 거예요. 교복은 모두 똑같이 입기 때문에 그걸 표현할 수가 없어서 싫거든요. 살짝 다르게 맨투맨 티셔츠로 내 유행의 민감도를 드러내고 싶은데, 학교에서는 그것도 안된다고 하니까 속상해요. 왜 나만의 독특함을 표현하지 못하게 하는 거죠? 나는 나만의 개성이 있는 존재인데 그걸 숨겨야 하는 세상이 원망스러워요.

튀다 ── 나만의 개성과 독특함을 드러내다.

마음
사전

우리 마음

✦ **나만의 색다름을 갖는 일**

사춘기에는 가끔 튀는 행동을 하고 싶을 때가 있어요. 남들과 내가 다르다는 것을 드러내고 싶은 마음에서 시작되는 행동이죠. 마음이의 존재감을 드러내기 위해서 나오는 자연스러운 과정이에요. 옷, 신발, 가방, 또는 그 밖의 치장을 통해서 나만의 독특함을 표현하는 거죠. 나만의 멋을 드러내고 개성을 키워가는 일인데 어른들은 이해를 못 해요.

사람의 마음 안에 두 가지가 함께 존재할 수 있어요. 친구들 사이에서 조용히 머물고 싶은 마음과 나를 드러내기 위해서 튀는 행동을 하고 싶은 마음이요. 두 가지 다 자연스러운 감정이에요. 누구에게나 생길 수 있는 양가감정^{어떤 대상에 대해 동시에 대조적인 감정을 지님}이니 걱정하지 않아도 돼요. 오히려 이런 멋을 추구하는 행동들은 자신을 드러낼 수 있는 좋은 기회가 되기도 한답니다. 톡톡 튀는 마음이의 개성은 얼마든지 드러내도 괜찮아요.

비단 겉모습만이 아니죠. 사람은 겉으로 드러나는 외모로만 색다름을 표현하지는 않아요. 행동을 통해서 나타내기도 하지요. 모두가 "예스"라고 말할 때 "노"라고 말할 수 있는 용기를 가진 행동 말이에요. 친구들에게 인기가 많은 아이들은 이런 도도함과 독특함을 가진 친구들이죠. 어른들은 문제아라거나 반항아라고 얘기하지만, 마음이 사이에서는 리더예요. 이 친구들은 선생님의 말씀에 반박하거나 옳지 않은 일에 대해 반기를 드는 행동을 하죠. 누구도 말하지 못한 부당함에 대해 반기를 드는 행동을 한다면 튀어 보일 수밖에 없어요. 색다르다고 욕을 하거나 싫어하는 어른들도 있지만, 마음이에겐 작은 영웅이에요. 그래서 마음이도 나만의 색을 드러내고 싶은 마음이 자연스럽게 드는 거지요. 마음이도 크게 문제 행동이 아니라면 얼마든지 자신을 드러내는 일을 해도 괜찮아요. 그 과정에서 자신의 생각을 키워낼 수 있는 소중한 기회가 될 테니까요.

✈ 색다름 드러내기

마음이의 색다름을 드러낼 때 조심해야 할 부분이 있어요. 과유불급(過猶不及), 즉 지나치면 모자란 것만 못하다는 거예요. 일탈 행위가 너무 과하면 문제가 생길 수 있어요. 그 행위로 인해서 타인에게 고통을 주거나 남과 과하게 부딪히는 일은 문제를 일으킬 수 있으니 조심해야 해요. 자신의 개성을 나타내기 위해서 술, 담배 등 일탈이 되는 행동을 하는 것 말이에요. 욕설이나 은어를 남발하거나 따돌림이나 자해, 과도한 화장이나 염색 등은 지나쳐요. 존재감을 드러내기보다 일탈을 일으킬 수 있는 기회가 되거든요. 그런 부분은 조심하는 게 좋겠어요. 마음이가 원하는 건 개성을 드러내고 존재감을 나타내는 것이지, 그것을 일탈로 연결하고 싶은 건 아니잖아요? 또한 너무 튀는 행동들은 일탈 무리의 타깃이 될 수 있어요. 내 존재감을 그런 행위들로 표현하는 것은 조심해야겠어요.

나의 존재감은 다른 특기로도 얼마든지 표현할 수 있어요. 노래를 잘한다거나 그림 그리는 것 등으로 나만의 도드라진 개성으로 키울 수 있어요. 재능이 아니라도 괜찮아요. 우리 반에서 가장 잘 웃는, 친절한, 청소를 잘하는 혹은 인사를 잘하는 친구 등으로도 존재감을 가지고 마음이만의 색다름을 표현할 수 있어요. 마음이를 생각하면 떠오르는 대표적인 단어를 만드는 거죠. 마음이

하면 '따뜻함', '배려'라는 말이 떠오르는 것처럼요. 그게 진짜 개성이고 독특함이에요.

　　어른들과 맞지 않는 부분이 있을 때도 그래요. 대놓고 반항적인 태도를 취하는 것이 최선은 아니에요. 예의 바르게 자신의 의견을 정확하게 전달해 보세요. 태도에 예의를 갖춤으로써 더 쉽게 목표를 이룰 수 있어요. 크게 갈등을 일으키지 않으면서도 내가 바꾸고 싶은 것을 바꾸는 문제 해결 능력은 또래와는 다른 색다름을 드러내주죠. 이것이 바로 건강한 존재감이에요. 마음이가 잘하는 것을 통해서 충분히 건강한 존재감을 드러낼 수 있답니다. 어떻게 나의 존재감을 건강하게 드러낼 수 있을지 그 부분을 고민해 보세요. 나에게 있는 어떤 점이 다른 친구들과 다르면서도 건강하게 튀는지 말이에요.

20 존재감이 없어요

사전적
정의

존재감 없다 독특성이나 가치·능력을 인정받기 어렵다.

엄마　슬찬아, 잠깐 나와 봐. 엄마랑 얘기 좀 하자.

슬찬　무슨 얘기?

엄마　아까 담임 선생님한테서 전화 왔었는데, 네가 친구한테 욕을
　　　했다던데 이게 무슨 일이야? 너 욕 안 하잖아.

슬찬　엄마는 나한테 관심도 없으면서 어떻게 알아? 나 욕 잘해.

엄마　내가 너한테 왜 관심이 없어? 평소에 말도 없는 애가 갑자기
　　　욕을 했다니까 놀랐잖아.

슬찬　내가 왜 말이 없어? 엄마는 맨날 말로만 관심 있는 척하잖아.
　　　내가 얼마나 존재감이 없어서 애들한테 무시를 당했으면 욕
　　　을 했을까 하는 생각은 해봤어?

엄마　그랬어?

슬찬　엄마는 담임샘한테 전화 받은 거만 기분 나쁜 거잖아. 내가
　　　무슨 생각을 하고 있는지에는 관심도 없잖아.

* **슬찬** 슬기로움으로 가득찬

내 마음

내 고민은 아무 곳에서도 존재감을 찾을 수가 없다는 거예요. 내가 있으나 없으나 아무도 모르는 것 같아요. 살아 있는 의미를 모르겠어요. 나를 너무나 사랑한다고 말하는 엄마 아빠조차도 진짜로 나에게 관심은 없는 것 같아요. 공부 잘했다는 이야기를 들을 때만 반짝 좋아할 뿐이죠. 내가 무엇을 좋아하는지 무엇 때문에 힘든지에는 전혀 관심이 없어요. 조용히 학교랑 학원 잘 다니고 시험이나 잘 봤으면 하는 거죠. 친구들과 어떻게 지내는지 그런 건 한 번도 물어본 적이 없어요. 물어봐도 늘 수박 겉핥기식이에요. 물어보기만 하고 실제 답에는 관심이 없거든요.

이런 내가 학교에서 어떻게 존재감이 있겠어요. 그냥 계속해서 화가 나고 짜증이 나요. 친구들이 조금만 건드려도 욕이 나간다니까요. 잘못된 것인 줄 알면서도 자제하기가 힘들어요. 그런데 이상하게도 욕을 하면 그제야 사람들이 나한테 관심을 가지더라고요. 친구들도 나를 쳐다보기 시작하고, 선생님도 불러서 내 이야기를 들어보자고 하시죠. 부모님도 갑자기 대화를 하자고 해요. 이제야 내 존재를 알아보려는 것 같아요.

존재를 알리기 위해서 내 마음을 욕으로 표현하는 거예요. 그러면 나를 바라보거든요. 욕이 좋지 않은 건 알아요. 그럼에도 나의 존재감을 표현할 수 있는 게 욕뿐인걸요. 나쁘면 뭐 어때요? 상관없어요. 아무런 존재감도 없이 살아가는 것보다야 낫잖아요. 누군가 나를 바라봐 주고 관심을 가져주는 게 좋은걸요. 지금으로서는 답답한 내 마음을 나타낼 수 있는 게 욕밖에 없어요. 욕을 하면서 그동안 쌓인 스트레스를 풀어요. 내 존재도 드러내고, 관심도 받지요. 나쁘지 않아요. 친구들도 바르고 고운 말만 쓰는 거 아니잖아요. 거기에 조금만 더해서 하는 것뿐인걸요. 큰 문제가 아니라고 생각해요. 오히려 나를 돕는 유일한 것이지요.

존재감
없다

- 나 자신.

마음
사전

우리 마음

☀ 존재감 제로

너무 존재감이 없어서 고민이군요. 잘하는 게 하나도 없고 별다른 특징도 없다고 느끼네요. 친구들 사이에서 아무런 매력도 없는 기분, 참 씁쓸하지요. 마음이는 그렇게 시시한 인물은 아닌데 말이에요. 어떻게든 나라는 사람을 알리고 싶은 마음이 나쁜 방식으로 나타나게 된 거죠. 어떤 것이 문제의 시작인지 알 거 같아요. 마음이는 내 모습 그대로 충분히 인정받고 사랑받고 싶어요. 그래서 뭔가 잘해야지만 존재감이 생기는 세상이 싫어지기도 했을 거예요. 때론 진심으로 관심을 가져주지 않는 부모님이 원망스럽기도 했겠죠. 너무 큰 관심은 그것대로 부담스럽지만요. 내 마음 안에는 관심을 받고 싶은 마음과 관심이 귀찮은 마음, 이 두 가지 마음이 함께 존재하지요. 그래서 더 어려웠을 거예요.

친구들 사이에서도, 부모님께도 나를 있는 그대로 인정받아본 적이 없어서 속상했죠. 그 마음이 욕으로 발산되었고요. 공격적인 행동은 무시는 안 당하니까요. 내 존재감을 오히려 강하게 드러내주죠. 나를 쳐다보지 않고 관심 없던 사람들이 놀란 눈으로 바라보는 시선을 즐기게 되었을지도 몰라요. 마음이가 살아 있음을 느끼게 해주니까 그걸로 대리만족을 했을 거예요. 잘못된 길인 줄 알면서도 그 길을 갈 수밖에 없어서 속상했죠? 되돌리고 싶은데 어찌해야 할지 모르겠고, 너무 나쁜 길로 빠져버린 건 아닌가 고민도 해봤을 거예요. 그러다가 점점 '에라, 모르겠다' 포기하는 심정이 된 건 아닌가 싶어요. 그럴 수 있죠. 관계에서 존재감을 얻고자 하는 마음이 이렇게까지 이끌었다니 속상하고 안타까운 일이에요. 누군가 "너는 존재만으로도 훌륭해"라고 한마디만 해줬어도 이렇게까지는 안 되었을 텐데 말이죠.

그런데 말이에요. 이런 원망을 하기 전에 먼저 생각해 볼 게 있어요. 누군가 마음이에게 관심을 가져주기 이전에 나는 과연 나에게 얼마나 관심을 가졌느냐를 말이에요. 타인에게 존재감을 드러내기 위해선 내가 나를 사랑하고 인정하는 마음이 먼저예요. 마음이가 스스로를 귀하게 생각하고 그렇게 대할 때 타인도 귀하게 대접해요. 마음이는 어땠나요? 나를 내 모습 그대로도 인정받아 마땅한 존재라고 생각하고 귀하게 대했나요? 마음이가 느끼는 감정을 하나하나 따라가면서 그 감정이 옳다고 인정해 주었나요? 나 자신이 스스로를 얼마나 인정하고 받아들였는지, 나의 가치를 외부의 기준으로만 판단한 건 아닌지 한번 생각해 보세요. 타인의 인정보다 더 중요한 것이 바로 자신의 인정이에요. 누가 알아주거나 말거나 '나는 잘하고 있다', '나는 애쓰고 있다' 하며 나 자신을 토닥토닥해줄 수 있어야 해요. 아무 성과를 내지 않아도 나는 가치 있는 존재임을 스스로 인정하고 사랑해줘야 합니다. 힘들거나 슬플 때 그 감정을 무시하지 말고 존중해줄 수 있어야 해요.

　　내 감정을 정작 본인이 알아주지 않으면서 타인에게만 인정받으려고 하면 어떨까요? 그 인정은 마음에 와닿지가 않아요. 타인에게도 나 자신에게도 당당한 인정이 아니에요. 내가 나를 하찮고 소홀하게 대하는데 과연 누가 나를 귀하게 생각하겠어요?

불가능한 일이죠. 내가 먼저 나를 귀한 눈으로 보듬어주고 안아줘야 해요. 내가 느끼는 감정에 대해 정당성을 부여하고 인정해 줘야 타인도 그렇게 해줘요.

때로는 과한 감정을 느낄 수도 있어요. 그럴 때조차 객관적으로 자기 마음을 봐주는 거죠. '많이 힘들어서 그렇게 확대해석했구나. 그렇지만 너 그 정도까지는 아니야'라고 말해줄 수 있는 용기와 힘이 필요해요. 내가 나를 인정하고 감정을 소중하게 대할 때 타인도 변한답니다. 사랑을 못 받아서 그렇다는 말은 그만 하세요. 마음이가 먼저 자신을 충분히 사랑해 주세요. 마음이가 스스로를 대하는 태도를 바꾸는 것이 우선이랍니다.

21 세상의 스포트라이트, 관심을 받고 싶어요

사전적 정의   **관심** 어떤 것에 마음이 끌려 주의를 기울임. 또는 그런 마음이나 주의.

엄마   시원아, 이 앨범 또 샀어? 저번에도 두 개나 샀잖아.

시원   그 CD는 음악 듣는 거 아냐.

엄마   노래도 안 들을 건데 굳이 왜 사는 거야?

시원   그야 스페셜 한정판이니까 사는 거지!

엄마   너는 그 아이돌이 뭐가 그렇게 좋니?

시원   세상을 향한 당당함이 마음에 들어. '너희들이 뭐라든 나는 나의 길을 간다' 하는 식의 당당한 태도가 멋지잖아. '너희들 은 내 진가를 모른다'라는 그런 눈빛이 내 마음을 대변해 주 는 것 같아.

엄마   네 마음이 그래?

시원   그렇지. 성적 따위로 나를 판단하지 마! 나는 그런 걸로 판단 당할 만큼 시시한 사람이 아니야!

엄마   멋지네, 우리 딸. 시대의 반항아 같네.

* **시원** 막힘없이 시원한

내 마음

내가 요즘 제일 좋아하는 건 아이돌이랍니다. 무대에서 멋지게 공연하는 그들을 보면 정말 멋져요. 나도 아이돌이 되고 싶어요. 사람들에게 인기도 많고 따르는 팬들도 많잖아요. 자기가 하고 싶은 대로 할 수 있고 돈도 많이 벌면서 화려하고 멋진 삶을 살죠. 무엇보다 아직 어린데 자기 분야에서 인정을 받고 있다는 게 멋지죠. 스무 살도 안 된 아이돌도 많은데 벌써 최고가 된 거잖아요. 그게 진짜 멋진 것 같아요.

물론 아이돌을 보다가 내 모습을 보면 과연 아이돌이 될 수 있을까 싶긴 해요. 너무나도 평범하니까요. 실력도 한참 부족하죠. 그래도 연습하면 나아지지 않을까요? 아이돌들도 어려서부터 연습생으로 들어가서 몇 년 동안 갈고닦아서 실력이 좋아진 거잖아요. 외모도 관리를 그만큼 해주고요. 나도 관리하면 좋아지지 않을까요? 몸매는 다이어트해서 만들면 되고요. 솔직히 외모보다는 노래와 춤 실력이 더 문제이긴 하지만, 그것도 트레이닝과 연습으로 나아질 수 있을 거예요.

하지만 평범한 아이돌은 되기 싫어요. 나의 이미지와 맞지 않죠. 고고한 백조 같은 이미지나 강한 아웃사이더 느낌이 좋거든요. 남들과는 다른 특별함을 가진 아이돌이 될 거예요. 외모보다는 실력으로 인정받고 싶어요. 페이스북에 노래를 만들어서 올릴 거예요. 입소문으로 좋아하는 사람들이 늘어나다 보면 유명해질 거예요. 오직 실력만으로 승부하는 거죠. 실력으로 세계 최고가 되고 싶어요.

내가 요즘 관심 있는 건 그게 다는 아니에요. 일단은 학생이니까 공부를 잘해야겠죠. 엄마도 맨날 공부 공부하니까요. 학교에서는 공부 잘하는 애만 인정받아요. 아주 특별한 나인데 그것도 포기할 순 없죠. 명문대를 가기 위해서 노력할 거예요. 명문대를 다니는 내 모습은 상상만 해도 너무 근사해요. 물론 지금 실력으론 불가능하지만, 점점 공부에 취미를 붙이고 공부법을 익혀 실천하다 보면 가능하지 않겠어요? 나라고 못 한다는 법은 없죠. 나의 잠재력은 누구도 알 수 없는 거니까요. 공부도 잘하고 음악 세계도 독특한 나만의 특별함을 가진 미래를 그려 봐요. 상상만으로도 가슴이 두근거려요.

- 세상이 나에게 귀 기울이는 것.
- 나만의 특별함을 통해 받게 될 세상의 스포트라이트.

우리 마음

😎 세상의 주목을 받고 싶다

아이돌을 보면서 부러워하는 마음이가 진짜 많아요. 그들의 생활이 너무나도 화려해 보이니까요. 부족한 것이 없는 것처럼 보이고, 능력도 출중해 보여요. 감히 따라 하기 어려운 실력과 외모를 가졌죠. 마음이도 노력하면 되지 않을까 싶은 자신감도 있을 거예요. 그들도 열심히 노력해서 그 자리에 올랐을 테니까요. 노력하면 안 되는 게 없다잖아요. 이 세상에 불가능은 없다는 자신감이 있을 거예요. 내가 하고자 한다면 못 할 게 없다는 자신감 좋습니다. 그래요, 마음이는 무한한 가능성을 가진 존재 맞아요. 무엇이든 될 수 있죠. 마음이가 관심 있는 분야를 정해서 꾸준히 노력한다면 가능한 일이에요.

그런데 마음이가 진짜 관심 있는 게 아이돌 맞나요? 노래와 춤을 정말 좋아하나요? 그들의 삶이 화려해 보이기 때문에 동경하게 된 것은 아닌지 잘 생각해 보세요. 내 주변의 어느 직업보다 눈에 띄고 마음이와 비슷한 나이이기 때문에 꿈꿔본 것은 아닌지 말이에요. 그 분야에 내가 재능이 있고 진짜 관심이 있는 건지 한번 잘 생각해 보세요.

아이돌 연습생들의 치열한 경쟁과 오랜 시간의 노력에 대해서 찾아보세요. 누구보다 치열하게 살고 사적인 삶을 포기해야 하는 여건이죠. 그렇게 노력해도 성공이 보장되어 있는 건 아니에요. 결국은 아이돌이 되지 못해서 힘들어하는 연습생이 정말 많아요. 그들의 피눈물 나는 후기를 보아도 정말 아이돌이 되고 싶다고 말할 수 있을까요? 아이돌은 화려해 보이는 만큼 외로운 존재예요. 그 내면을 알게 돼도 마음이가 아이돌이 되고 싶다는 생각을 할까요? 쉽지 않을 거예요.

누군가 말한 것처럼 공부가 제일 쉬웠다고 생각하게 될지도 몰라요. 적어도 공부는 노력한 만큼 반드시 결과가 나오니까요. 내가 꾸준히 관심 있고 노력할 수 있는 분야를 찾는 것이 지금의 할 일이에요. 주목을 받고 싶다면 내가 잘할 수 있는 분야를 찾아야 해요. 그 분야를 찾기만 한다면 해볼 만한 도전이 될 테니까요.

❖❖ 세상은 넓고 할 일은 많다

관심 있는 분야를 찾는 것이 청소년기에 해야 할 일이에요. 다양한 분야의 일을 접해보고 진로를 찾는 거죠. 안타깝게도 아이돌이나 유튜버, 선생님 혹은 부모님의 직업만 희망 진로로 생각하는 경우가 많아요. 쉽게 접할 수 있으니까요. 사람은 익숙한 것을 선택하려는 경향이 있지요. 하지만 세상은 마음이가 생각하는 것보다 훨씬 넓고 다양해요. 작은 관심사가 직업이나 진로로 이어질 수 있는 기회는 얼마든지 있답니다. 지금은 관심사를 넓게 펼쳐나가는 게 중요해요. 지금 끌리는 것을 '이까짓 거'라고 무시하지 마세요. 새로운 분야에 망설이지 말고 도전해 보세요.

  사춘기에 한 번도 경험하지 못한 감정이나 일은 성인이 되어서 느낄 수도 할 수도 없다고 해요. 뇌에서 필요하지 않다고 생각하고 가지치기를 해 버리니까요. 지금 경험해 보지 않으면 마음이는 평생 그 분야에 대해선 관심조차 갖지 못할 수도 있어요. 얼마나 슬픈 일인가요? 세상에는 마음이가 능력을 발휘할 수 있는 분야가 정말 많아요. 그러니 마음이의 뇌가 가지치기를 해서 단순해지기 전에 여러 가지를 튼튼하게 키워나가야 해요. 절대 내 가능성을 낮추지 마세요.

　물론 어떤 분야에서 일인자가 되는 것이 쉬운 일은 아니에요. 하지만 나만의 특출함을 만들어내는 것이 또 그렇게 어려운 것은 아니랍니다. 가령 다양한 관심사를 연결하면 나만의 특별함을 만들어낼 수 있어요. 마음이가 노래, 춤, 기계 조립, 요리에 관심이 있다고 쳐요. 노래하고 춤추며 요리하는 조립 로봇을 만들어낼 수 있겠죠? 이건 아무나 생각할 수 있는 것이 아니에요. 마음이의 특별한 관심사가 있기에 가능한 일이죠. 여기서 기계 조립의 관심사를 다른 것으로 대체한다면 어떻게 될까요? 무엇으로 대체하느냐에 따라서 또 다른 새로운 분야의 전문가가 되어 색다른 것을 만들어낼 수 있을 거예요.

　마음이의 관심 분야들이 서로 융합하여 새롭고 창의적인 것을 만들어낼 수 있어요. 내가 좋아하는 것들로 가치 있는 것들을 만들어내봐요. 재미도 있으면서 의미 있는 일이 될 거예요. 세상의 많은 분야 중에서 마음이가 관심 있는 걸 찾아가는 과정이 지금 청소년기예요. 무엇이라도 좋아요. 내 자리에서 빛나고 행복할 수 있으면 충분하답니다. 지금은 다른 사람의 관심이나 시선보다는 내가 흥미 있는 분야를 찾는 데 노력을 기울여 보세요. 그것이 마음이만의 특별한 세상을 만들어줄 거예요.

모든 것에 무관심해요

사전적 정의 **무관심하다** 관심이나 흥미가 없다.

엄마 우솔아, 얼마 전에 청소년 디베이트 대회 열린 거 유튜브에 서 봤어? 진짜 멋지더라.

우솔 디베이트 같은 거 관심 없어.

엄마 그럼 넌 뭐에 관심 있니?

우솔 없어.

엄마 정말 관심 있는 게 하나도 없어? 아이돌이나 연예인 한번 해 보고 싶지 않아?

우솔 딱 질색이야. 누군가에게 관심받는 거 싫어. 누가 나 쳐다보 는 것도 부담스러워.

엄마 그럼 조용히 혼자서 하는 게 좋아?

우솔 모르겠어. 딱히 하고 싶은 게 없어. 뭐가 좋은지도 모르겠어.

엄마 너는 그냥 아무것도 필요 없고 게임에만 관심 있구나.

우솔 어떻게 알았어? 나는 조용히 혼자서 게임하는 게 제일 편해. 아무도 나를 건드리지 않으니까 최고지.

* **우솔** 우람한 소나무처럼 바르고 큰

내 마음

나는 재미있는 게 없어요. 하고 싶은 것도, 관심 있는 것도 없죠. 다 귀찮아요. 조용히 게임할 때가 제일 편해요. 게임에서 나 혼자 조용히 게임 레벨을 올리는 게 좋아요. 아무 생각 안 해도 되고, 남들 눈치 안 봐도 되니까요. 나는 남들이 나를 바라보고 관심 갖는 게 진짜 부담스러워요. 게임에서 조금씩 레벨이 상승하는 걸 보면 기분이 좋기는 해요. 하지만 게임 아니면 죽을 정도로 좋은 건 아니에요. 무념무상이 좋아서 시작한 거죠. 멍하니 게임 화면을 보고 있으면 마음이 편안해져요.

게임 말고 다른 건 크게 관심 없어요. 핸드폰을 만지작거리면서 시간을 보내긴 하지만, 딱히 하고 싶은 게 있어서는 아니에요. 친구들과 나누는 대화도 시시해요. 같이 게임을 하기도 하지만 한계가 있어요. 게임에서 제일 높은 단계에 오른 적이 있거든요. 올라갈 때는 좋았는데 오르고 나니 별거 없더라고요. 시시했어요. 왜 내가 여기에 그렇게까지 오르려고 했었나 허무한 마음이 들었어요. 그때부터는 사실 게임도 별로예요. 멍때리며 켜 놓기만 하는 거죠. 혼자 있으면 외로우니까요. 언제부터 흥미를 잃었는지 모르겠지만, 그냥 모든 게 시큰둥해요. 마음에 맞는 것도 없고, 재미있는 것도 없어요. 인생이 너무 따분해요.

언젠가 관심 있는 것을 찾을 수 있을까요? 찾을 수 없다고 해도 별수 없죠. 그런 게 인생 아닐까요? 별 재미없이 하루하루 살아가는 것 말이에요. 부모님도 보면 재미있어서 일을 하는 것 같지는 않아요. 집에 와서 회사에 대한 불평불만만 말씀하세요. 그냥 사니까 사는 거다 하시는데요, 나도 같은 마음이에요. 학교에 가야 하니까 가는 거예요. 피할 수 있다면 안 가고 싶은데, 안 갈 수 없으니까 어쩔 수 없이 가서 앉아만 있어요. 성인이 된다고 희망이 있을 거 같지도 않아요. 하루하루 죽지 못해 살아가요. 인생이 재미있다는 말은 나에게는 이해 못할 말이지요. 아무것도 하고 싶은 게 없으니까요.

무관심
하다

― 하고 싶은 것도, 특별히 되고 싶은 것도 없다.

마음
사전

우리 마음

☼ 꿈을 꾸기 어려운 세상

요즘 청소년들에게 꿈이 뭐냐고 물어보면 잘 모르겠다는 친구들
이 많아요. 미래의 자기 모습을 그려보라고 하면 '돈 많은 백수'나
'건물주'가 꿈이라고 해요. 어떤 방법으로 꿈을 이룰 거냐고 물으
면 "그냥"이라고 대답하죠. 모르겠대요. 나이 들어서까지 피곤하
게 살고 싶지는 않대요. 성형수술하고 해외여행 다니면서 돈을 펑
펑 쓰며 편하게 살고 싶대요.

　언제부터 이렇게 꿈을 꾸기 어려운 세상에 살게 되었을까

요? 무엇이 마음이를 그렇게 만들었을까요? 마음이가 지금 무기력하고 아무 의욕도 없는 상태라면 어디서부터 잘못되었는지 찾아야겠죠. 원인을 알아야 고칠 수 있을 테니까요. 마음이는 언제부터 꿈을 꾸지 않게 되었나요? 혹은 이룰 수 없는 꿈을 꾸게 되었나요? 대부분의 십 대들이 아이돌이나 유튜버, 연예인 등을 꿈꿔요. 무엇보다 가장 큰 꿈은 돈 많은 백수라네요. 돈은 많았으면 좋겠는데, 어떤 방법으로 얼마나 노력할지는 고려하지 않아요. 단지 쉽게 돈을 벌고 싶고, 편하게 살고 싶은 거죠. 어렵고 힘든 건 질색이니까요.

이런 마음은 낮은 자존감에서 시작돼요. 내가 뭔가를 열심히 노력하면 이뤄낼 수 있을 거라는 자신감이 없는 거죠. 로또처럼 쉬운 방법으로 편하게만 살고 싶은 거예요. 하지만 자신이 노력하지 않고 쉽게 얻은 재산은 쉽게 날아가요. 로또에 당첨되고 더 불행해진 사람이 많다는 뉴스를 본 적 있을 거예요. 거기에는 자신의 노력으로 인한 '값짐'이 들어 있지 않기 때문이에요. 어렵게 이뤄낸 성과는 귀하고 값지기 때문에 함부로 다룰 수 없죠.

언제부터 이런 무기력감이 생기게 되었을까요? 아마도 너무 치열한 경쟁 사회에서 잘하는 사람만 인정받는 분위기가 문제였을 거예요. 어릴 때는 마냥 해맑았죠. 지금 생각하면 터무니없을 정도로 사회적으로 선망하는 꿈을 꾸기도 했었잖아요. 그걸 못 이룰 이유가 없다고 생각했고, 스스로에 대한 자신감이 충만했죠.

그런데 무슨 이유로 이렇게 달라졌나 따져보면 치열한 공부 경쟁이 시작되면서부터였을 거예요. 시험 성적으로 줄 세우기를 하게 되면서부터요. 내가 앞줄에 설 수 없다는 걸 알게 되고부터는 쉽게 포기하게 되었을 거예요. 부모님도 공부 말고 다양한 가능성에서 나를 봐줬으면 좋겠는데, 그게 안 되었겠죠. 부모님은 부모님 대로 다양한 성공 케이스를 접해보지 못했기 때문에 공부로만 마음이를 몰고 있는지도 몰라요. 부모님도 다른 길을 경험해 보지 못해서 편협해져 버린 거죠.

⚙ 꿈을 꾼다는 것

세상은 공부로만 성공할 수 있는 것은 아니에요. 요즘엔 더더욱 그렇죠. 유명한 인플루언서들을 보세요. 좋은 학력을 가진 사람들도 물론 있지만, 아닌 경우도 많아요. 대학 학벌이나 집안을 따져서 유명인이 되는 게 아니에요. 오히려 공부를 못했다거나 가난했던 사람들도 많죠. 자신을 있는 그대로 드러내면서 그 모습이 사람들에게 매력으로 어필되는 경우가 훨씬 많아요. 자신만의 분위기와 매력을 살리는 경우죠.

공부나 학벌, 화려한 스펙이 아닌 자신의 자존감에서 매력은 흘러나와요. 그것이 자신의 꿈을 이뤄주는 거예요. 자신의 모습에 만족하는 모습은 행복해 보여요. 현재보다 나아지기 위해 노력하는 모습은 더 멋지죠. 마음이의 삶도 마찬가지예요. 마음이가 갖고 있는 재능은 정말 다양할 거예요. 남들보다 글씨를 잘 쓰는 마음이도 있을 거고, 남의 고민을 들어주는 게 특기인 마음이도 있어요. 또 자신이 맡은 일을 느리지만 완벽하게 해내고야 마는 마음이도 있을 거예요. 한 가지로 규정할 수 없는 자신만의 개성이 있지요. 그 개성 그대로 자신의 모습을 사랑하는 것에서부터 꿈은 시작돼요. 자신이 초라하지 않다고 느끼고 자신을 있는 그대로 사랑하는 순간 꿈은 피어나요. 자신의 있는 그대로의 모습에서 잘할 수 있는 것을 발견할 수 있게 되니까요.

남과 공부로, 혹은 능력으로 비교하지 말고 자신을 사랑해 보세요. 부모님이 혹시 그런 실수를 하시고 있다면 당당하게 말하세요. "나는 공부는 못하지만 나만의 매력과 강점이 있는 사람이야"라고요. 그 모습 그대로 인정해 달라고요. 마음이도 그런 소리를 낼 수 있을 만큼 성장했고 단단해졌어요. 자기의 꿈을 그리는 일을 남에게 미루지 말고 스스로 시작해 보세요.

지금 모든 것에 무관심하고 의욕이 없다면 마음이는 건강하지 못한 거예요. 내 마음이 언제부터, 무엇 때문에 아팠는지 가만히 들여다봐야 해요. 아팠던 경험을 되돌아보며 자신의 상처를 치유해야 성장할 수 있어요. 숨기고 아무 일도 없었던 것처럼 하는 게 더 초라해요. 상처를 드러내고 치료하려는 노력이 진짜 스스로를 아끼는 자세예요. 그렇게 자신의 마음이 아픈 곳을 알게 되면 그 상처를 보듬어주세요. 스스로를 토닥여주세요. 그러면 작은 일이라도 스스로 재미를 갖고 할 수 있는 욕구가 생길 거예요. 아픈 것이 치료되고 나면 다시 일어설 힘이 생길 거예요.

Chapter 3

사춘기
관계
사전

23 　친구는 내 마음을 알아주는 유일한 존재예요

사전적 정의　**친구**　가깝게 오래 사귄 사람.

엄마　주리야, 주머니에 이게 뭐야? 담배 껍질 아니야?

주리　내 거 아니야. 친구 거야.

엄마　친구 누구? 너 이리 와서 앉아봐.

주리　친구가 아는 애 심부름이라서 샀대. 사정이 생겨서 잠깐 내 주머니에 넣은 거야. 담배 피우는 거 아냐.

엄마　그런 질 안 좋은 친구랑은 어울리지 마.

주리　친구가 옷감도 아니고 질이 좋고 안 좋고가 어디 있어? 걔 나쁜 애 아니야.

엄마　좋은 친구를 사귀어야지. 친구 따라 강남 간다는 말도 있잖아.

주리　내 친구들을 엄마가 얼마나 안다고 그래? 다 좋은 애들이야. 엄마한테 욕 들을 만큼 나쁜 애들 아니야.

엄마　엄마가 걱정돼서 그래. 공부 잘하고 모범적인 친구들도 많은데 왜 그런 애들이랑만 어울려?

주리　나한테 소중한 친구들이야. 함부로 얘기하지 마.

* **주리** 주위 사람들에게 기쁨과 즐거움을 주는

내 마음

엄마는 내 친구들이 마음에 안 드는 모양이에요. 공부 잘하는 애들이랑만 놀기 바라니까 내 친구들이 마음에 들지 않겠죠. 엄마는 아마 나도 이해가 안 될 거예요. 하지만 공부만 하는 애들은 매력이 없어요. 심심하고 눈치가 없거든요. 공부는 잘하는지 모르겠지만 센스가 없어서 답답해요. 하지만 내 친구들은 안 그래요.

물론 담배 피우는 친구가 잘했다는 건 아니에요. 친구 따라 내가 피우지도 않을 거고요. 담배 피우는 건 잘못인 거 알아요. 하지만 그 친구도 어쩌다 한 번이에요. 집에 너무 힘든 일이 있어서 딱 한 번 피운 거지 다신 안 그럴 거예요. 얼마나 괴로웠으면 그랬겠어요. 나는 친구 마음 충분히 이해해요.

엄마는 화장하는 내 친구들도 싫어해요. 화장은 담배와는 다른 문제죠. 그게 왜 나쁜 건지 모르겠어요. 요즘 아이돌들도 십대인데 다 화장을 하잖아요. 내 친구들은 다른 애들에 비하면 화장을 진하게 하는 것도 아니에요. 간단하게 피부 화장하고 마스카라나 아이라인, 틴트랑 볼 터치 정도 해요. 그게 그렇게 진한 화장은 아니잖아요. 그냥 애교 수준이죠.

맨날 하지 말라는 것 투성이예요. 엄마랑은 얘기가 안 통해요. 진짜 세대 차이 나요. 친구들이랑은 얘기가 잘 통하니까 너무너무 좋아요. 애들이랑 얘기를 하고 있으면 누군가 내 마음을 알아주는 것 같아서 얼마나 마음이 편한데요. 엄마가 내 친구를 골라줄 수는 없잖아요. 내가 좋은 친구를 사귀는 거죠. 간섭하고 친구들 욕할 때 진짜 짜증 나요. 엄마는 내 마음을 알지도 못하면서 왜 참견하냐고요. 친구들이 아니었으면 정말 외롭고 엄청 방황했을 거예요. 흔들리는 나와 함께 있어준 게 친구들인데, 엄마가 무슨 자격으로 친구들을 욕하는지 이해가 안 돼요. 내 인생에서 제일 중요한 게 친구예요. 친구들과 함께 있는 시간이 가장 행복하거든요. 엄마가 방해나 하지 않았으면 좋겠어요.

친구

마음
사전

" 내 마음을 알아주는 유일한 존재.

우리 마음

◎ 친구가 좋을 때

사춘기는 친구가 제일 소중한 존재일 때죠. 누구보다 마음도 잘
통하고 고민도 쉽게 나눌 수 있으니까요. 물론 친구 관계 때문에
힘들 때도 있지만, 마음이에겐 친구가 누구보다 위안이 될 거예
요. 누구에게도 할 수 없는 이야기나 부모님께는 하기 꺼려지는
이야기도 다 할 수 있어요. 학교라는 한 공간에서 매일 같이 있다
보니 할 이야기도 많지요. 친구가 없었다면 이 힘든 사춘기를 어
떻게 버텼을까 상상도 안 될 거예요.

부모님은 마음이의 친구 관계를 걱정하시죠. "이런 친구랑 어울려" 하며 훈수를 두시는데, 그게 마음에 안 들 거예요. 친구만큼은 마음이가 하고 싶은 대로 결정하고 싶을 거예요. 엄마가 마음이의 인간관계까지 조정하려는 것 같아 경계하게 되죠. 마음이가 상처를 받거나 나쁜 길로 빠질까 봐 그러는 걸 테지만 마음이도 판단력이 있잖아요. 혼자서도 제대로 판단할 수 있는데, 마음이의 상황에 관여하려는 게 간섭 같고 싫을 거예요. 공부만 잘하는 친구 말고 다른 여러 부류의 친구들을 만나보고 싶죠. 나에게 없는 점이 있는 친구가 매력 있으니까요. 그 친구와 어울리다 보면 세상에 대해서 더 많이 알게 돼요. 생각이 넓어지니 얼마나 좋은데요.

엄마는 마음이가 어렸을 때부터 무슨 일만 있으면 자기 친구랑 통화를 했잖아요. 나랑 놀아주는 것보다 친구와의 수다를 더 좋아했죠. 엄마도 그렇게 친구를 좋아하면서 마음이의 심정을 이해 못 한다는 거는 말도 안 되지요. 힘들 때 친구가 얼마나 위로가 되는지 알면서 그러는 엄마가 너무 밉지요? 또 엄마의 간섭이 마음이를 조정하는 가스라이팅(gaslighting)은 아닌지 가끔 헷갈릴 때도 있을 거예요.

◎ 좋은 친구의 기준

엄마나 부모님이 생각하는 좋은 친구의 기준과 마음이의 기준이 서로 다른 거예요. 그렇다면 무엇이 어떻게 다른지 한번 생각해 볼까요? 마음이는 어떤 친구를 좋아하고 어떤 친구와 친한가요? 아직은 그 기준을 잘 모르겠나요? 그냥 좋아서 좋은 건데 이유가 있을 리가 없지요.

그런데 친구를 사귈 때도 기준이라는 게 필요해요. 담배를 피우는 친구, 화장을 하는 친구는 무조건 거르라는 뜻이 아니에요. 공부 잘하는 친구랑만 사귀라는 건 더더욱 아니고요. 다만 내가 왜 저 친구랑 절친이 되고 싶은지는 생각해 봐야죠. 그 친구가 마음이에게 채워주고 있는 부분이 어떤 건지를 생각해 봐야 해요. 마음이는 계산 없이 순수하게 친구를 사귀지만, 전혀 다른 목적으로 다가오는 친구들이 있을 수 있거든요. 반 친구랑은 모두 친구가 되어야 할 것 같지만 그렇지도 않아요. 급우(級友)와 친구는 다른 개념이죠. 같은 반에 속한 모든 아이와 친구가 될 수는 없어요. 반의 모든 아이들에게 인기 있고 인정받고자 하면 내 의견을 내세울 수가 없어요. 결국 친구에게 내 생각을 맞추게 되죠. 그래서 기준이라는 게 필요한 거예요. '모두와 친구가 될 수는 없다', '나를 귀하게 여겨주는 사람만을 친구로 대하겠다'라는 기준 말이에요. 마음이는 어떻게 인간관계를 그렇게 계산적으로 할까 싶은 생각도 들 거예요. 당연해요. 마음이는 아직 순수하고 친구 관계에서 상처를 받아본 적이 없으니까요. 하지만 부모님은 그런 경험이 많다 보니 앞서서 마음이를 걱정하고 있는 거예요. 가스라이팅이 아니랍니다.

마음이가 스스로 친구를 사귀고 싶다면 마음이도 친구에 대해 자기 나름의 명확한 기준을 만들었으면 좋겠어요. 소중한 친구의 기준을 정하는 거죠. 그 기준이 부모님과 같을 필요는 없어요. 내 기준을 만드는 거니까요. 거짓말 안 하는 친구라든지 나를 함부로 대하지 않고 의견을 존중하는 친구 같은 기준 말이에요. 돈을 요구하거나 원하지 않는 나쁜 행동을 강요하지 않는 것도 친구의 기준이 될 거예요. 그 기준 안에 있는 친구 중에서는 마음껏 사귀어 봐도 안전할 거예요. 서툴겠지만 스스로 그 기준을 정하는 겁니다. 서로 의지가 되고 함께 성장할 수 있는 좋은 친구를 찾기 위해서 시도해 보세요. 나만의 친구 기준을 만들어 친구를 사귀다 보면 부모님의 잔소리도 줄어들지 않을까 싶어요.

인기를 얻기 위해
마음을 숨겨요

사전적
정의   **인기** 어떤 대상에 쏠리는 높은 관심이나 호감.

엄마   지은아, 웬 바느질이야? 숙제 있어?

지은   친구가 해달라고 부탁해서 도와주고 있어.

엄마   지난번에는 친구 부탁이라고 숙제를 대신하더니 이번엔 바느질까지. 너 왜 그런 걸 자꾸 해주는 거야?

지은   내가 좋아서 하는 거야. 그래야 친구들이 좋아해.

엄마   진짜 좋아? 바느질하고 있는 지금이 행복한지 생각해 봐.

지은   글쎄……. 그렇게 좋지도 싫지도 않아.

엄마   너를 행복하게 해야 좋은 친구지. 네가 행복하지 않으면서 거절하기 어려워서 다 받아오면 안 돼.

지은   얼마 후에 회장 선거 있어. 인기가 많아야 표를 많이 받지.

엄마   인기 있는 게 그렇게 중요해?

지은   중요하지! 나한테는 그게 지금 엄청 엄청 중요하거든!

            * **지은** 세상을 바르게 하는 좋은 글을 지은

내 마음

나는 친구들에게 인기 있는 게 제일 중요해요. 내가 공부를 특별히 잘하는 것도, 운동이나 노래를 특별히 잘하는 것도 아니거든요. 친구들한테 잘해주는 게 내가 교실에서 그나마 존재감을 가질 수 있는 유일한 방법이에요. 그래서 친구들에게 잘해주려고 많이 노력해요. 친구들에게 먼저 인사하고, 많이 웃어줘요. 내가 조금 불편해도 참죠. 내가 친절하다는 느낌이 있어선지 다가오는 친구도 많아요. 어려울 땐 도움을 요청하기도 해요. 어떨 때는 부탁이 너무 많아서 버거울 때도 있지만 아직은 괜찮아요. 인기 있는 사람이라면 그 정도는 참아야 하지 않겠어요? 잘 참다 보면 언젠가는 그 대가가 반드시 돌아올 거라고 생각해요.

엄마는 그렇게 친구들 비위만 맞추다가 내 할 일을 못 할까 봐 걱정이세요. 지난번에 친구들 여섯 명이랑 약속을 했는데 친구들이 모두 약속을 취소했어요. 혼자 끝까지 약속 장소에서 기다렸는데 연락도 없어서 얼마나 발을 동동 굴렀는지 몰라요. 결국 기다리다 집으로 돌아왔어요. 돌아오는 길에 친구들이 나를 거부한 것 같은 생각이 들어서 너무 슬펐어요. 엄마도 그 일 때문에 너무 속상해하셨어요. 맨날 친구들에게 맞춰주고 기다려주니 친구들이 나를 함부로 대하는 거 아니냐고요. 그런데 아니에요. 애들도 다 사정이 있었겠죠. 나중에 미안하다고 말했는걸요. 친구들에게 잘 해주는 걸 그만두지 않을 거예요. 친구들이 좋아하는 모습을 보면 기분이 좋아져요. 나를 좋아하는 친구들이 점점 많아지는 것 같아서 기분도 좋고요.

얼마 후에 회장 선거에도 나갈 생각이에요. 회장 선거에서 많은 표를 받아 압도적으로 1위를 하면 좋겠어요. 그동안 내가 했던 노력들이 빛을 발하는 거니까요. 회장 선거에서는 보통 서로 친한 친구를 뽑거든요. 그러니까 회장으로 뽑히면 친구가 많다는 뜻이거든요. 진짜 뿌듯할 거 같아요. 인기가 많다는 걸 증명하는 거잖아요. 그때까지는 불편해도 친구들의 부탁을 거절하지 않을 거예요. 엄마는 지금 걱정하시지만, 선거 결과를 보면 달라지시겠죠. 내가 받은 표를 보면 엄마도 내가 친구를 잘 사귀고 있다고 생각하게 될 거예요. 분명히요.

인기	⌐ 내 존재감을 드러내기 위해서 친구들에게 노력 봉사해 서 얻을 수 있는 것.
마음 사전	

우리 마음

✴ 사춘기와 성인기의 차이

인기라는 것이 어른들과 사춘기 친구들에게는 큰 차이가 있는 개
념이죠. 부모님은 인기가 뭐가 중요하냐며, 마음을 알아주는 진짜
친구 한 명만 있어도 된다고 하실 거예요. 자신을 희생하면서 얻
는 인기는 의미 없다면서요. 하지만 마음이는 그 말이 이해가 안
되죠. 내가 친구에게 해줄 수 있는 게 있다면 얼마든지 해주고 싶
잖아요. 그 정도는 문제 될 게 전혀 없는데, 어른들은 왜 그렇게 걱
정이 많은지 모르겠어요. 인기 많은 게 왜 나쁜가요? 친구들이 마

195

음이를 많이 찾으면 기분 좋은 일인데 말이죠. 뭔가 중요한 인물이 된 거 같아 으쓱해요. 내가 없으면 친구들이 힘들어할 거 같다는 생각에 힘이 불끈불끈 나죠.

　　부모님은 학창 시절을 안 지내본 것도 아니면서 왜 그 마음을 이해 못할까요? 진짜 이상해요. 친구를 계산하면서 사귀지는 않잖아요. 내가 조금 희생해서 친구가 좋으면 된 거 아닌가요? 사춘기에 친구 아니면 누구한테 의지를 하겠어요. 실수하거나 서툴러도 나를 이해하는 친구가 있어 버틸 수 있죠. 그런데 친구들 사이에서 인기마저 좋다면 금상첨화잖아요. 그런 친구 관계를 포기하고 줄여나가라니 생각하기도 싫을 거예요. 마음이의 노력과 희생으로 친구들의 마음을 얻은걸요. 마음이의 이런 생각을 부모님이 이해해 줬으면 싶지만, 쉽지 않네요.

✴ 친구들에게 인기 있다는 것

친구들 사이의 인기를 포기할 수 없다면 조금 현명하고 영리하게 인기를 얻는 건 어때요? 내가 참을 수 없을 정도로 버겁고 힘든데도 인기를 위해서 참는 건 아니에요. 그건 오래갈 수 없으니까요. 인기를 얻기 위한 방법이 꾹 참고 친구들의 부탁을 들어주는 방법 말고는 없을까요? 보다 건강한 방법으로 친구들과 관계를 맺는 방법을 찾아보면 좋겠어요.

또래 사이에서 인기 있는 친구들은 어떤 특징이 있을까요? 첫째, 재미있는 친구가 인기가 좋죠. 예상치 못한 상황에서 웃긴 말을 하는 재미있는 친구들 말이에요. 얌전한 줄 알았는데 빵 터지는 농담을 한다면 이미지가 확 바뀌면서 금세 호감형이 되죠. 하지만 이 특징에는 문제가 있어요. 마음이는 웃긴 스타일이 아니란 거죠. 사실 남을 웃기는 일이 쉬운 게 아니니까요. 마음이가 재치 있는 말이나 농담을 잘하지 못한다면 어떻게 할까요? 마음이의 노력이 필요해요. 평소 웃긴 이야기 몇 개를 기억해 두었다가 분위기가 썰렁한 순간에 딱 터트리는 거예요. 평소에 진지하고 웃기지 않았던 친구일수록 효과가 두드러지게 나타나요. 새로운 이미지를 보여주는 순간 인기도가 달라질 수 있답니다. 유머 능력을 연습으로 키워보는 거예요.

둘째, 믿음이 가는 친구가 인기가 있죠. 아무리 선생님이 말씀하셔도 아닌 건 아니라고 말할 수 있는 용기 말이에요. 물론 선생님들은 이런 친구를 예뻐하지 않으실 수 있지만, 친구들은 달라요. 그야말로 인기 폭발이죠. 자기 소신을 갖고 일희일비하지 않는 친구들은 반항적으로 보일 수도 있지만 친구들 사이에서는 오히려 멋져 보여요. 어른들이 강요하는 불의와 부조리를 타도하는 인물이니까요. 친구들을 위해서 자신의 불이익도 마다하지 않고 나서주는 친구에겐 믿음이 가죠. 믿을 만한 친구라는 생각이 들면서 더더욱 인기가 상승할 거예요.

　마지막으로, 말을 옮기지 않는 입이 무거운 친구가 인기가 있어요. 이 친구에게는 어떤 이야기를 해도 말이 퍼져 나가지 않을 거라는 신뢰가 쌓이면 호감도가 올라가죠. 반면 친구들에게 너무 쉽게 남의 비밀을 털어놓는 친구라면 어떻게 믿을 수가 있겠어요? 쉽사리 나의 비밀을 털어놓지 않은 친구가 좋은 건 당연할 거예요.

　이렇듯 친구들의 부탁을 들어주거나 무리하지 않고도 인기를 얻을 수 있는 방법들이 있어요. 친구들에게 항상 희생만 하면서 얻는 인기는 지쳐요. 희생이 아닌 자기 자신의 매력과 인성을 갖춰가는 기회를 가져 보세요. 자신도 성장하고 인기도 많아지는 경험을 하게 될 거예요.

25 겉도는 아웃사이더예요

⊗

엄마 진이야, 요즘에 친구 관계 때문에 힘들어하는 애들이 많다던
데 너희 반에는 그런 친구 없어? 왕따나 은따 그런 애.

진이 왕따 그런 건 아닌데 힘들 것 같은 친구는 있어.

엄마 어떤 친구인데?

진이 아무 데도 못 끼는 친구 있잖아. 단톡방에서도 아무 말도 안
하고 학교에서도 조용히 있어. 말 시켜도 대답도 잘 안 해.

엄마 그래? 말수가 적은 친구인가 보다.

진이 혼자만 있고 말도 안 하니까 굳이 말을 시키고 싶지도 않아.
그렇게 혼자 있으면 외롭지 않나?

엄마 그러게. 친구랑 노는 재미로 학교 가는 건데 심심하긴 하겠다.

진이 걔는 그렇지도 않나 봐. 그러니까 친구한테 말 걸려고 노력
도 안 하고 그러는 거 아닐까? 암튼 신기한 친구야.

* **진이** 몸가짐과 마음씨가 맑고 고운

내 마음

나는 친구들 사이에서 아웃사이더예요. 원하지는 않지만 어쩌다 보니 그렇게 되었어요. 처음엔 친구들이랑 말하려고 죽을힘을 다해 용기를 내보려고 했어요. 그런데 어떻게 리액션을 해야 할지 잘 모르겠더라고요. 그래서 그냥 있었죠. 말을 안 하고 리액션이 없으니까 대화에 못 끼었고, 차츰 친구들이 나에게 말을 거는 횟수가 줄었지요. 그렇게 나는 말 없는 아이가 되었어요. 내 잘못이긴 하지만 그것 때문에 너무 힘들어요.

친구들이 쉬는 시간마다 우르르 몰려가서 노는 게 너무 부러워요. 점심시간에도 혼자 밥을 먹어야 해요. 친구들이 웃으며 같이 밥 먹는 모습이 행복해 보여요. 친구들과 함께 밥을 먹으면 밥맛도 더 좋겠죠? 특히 체육 시간에 자유롭게 활동하라고 하면 어떻게 해야 할지 모르겠어요. 애들은 삼삼오오 모여서 놀거든요. 그런데 나는 어디에 시선을 둬야 할지 정말 모르겠어요. 차라리 체육 수업을 하는 게 훨씬 마음이 편해요. 현장학습을 갈 때면 아이들은 좋아하는 친구끼리 모둠을 만들거든요. 하지만 나는 언제나 외톨이예요. 쉬는 날엔 친구들끼리 약속해서 맛있는 것도 먹으러 간대요. 놀이공원에도 함께 가고요. 카톡에서도, 일상에서도 모두 웃고 있지만 나만 혼자 웃지 못해요.

　　나도 인싸가 되고 싶어요. 아니, 인싸까지는 아니어도 편하게 얘기할 수 있는 친구가 한 명만이라도 있었으면 좋겠어요. 엄마는 친구가 많아도 힘든 건 마찬가지라고 하세요. 친구가 많으면 중간에 싸우고 화해하고 삐지고 하느라 너무 힘들다고요. 하지만 나는 그런 경험을 한 번이라도 해보고 싶어요. 친구가 나를 필요로 하고 좋아하고 있다는 느낌을 받고 싶어요. 늘 혼자인 아싸라서 너무 슬퍼요.

▔ 친구들과 관계 맺기가 어려워 겉도는 나.

우리 마음

⊗ 인싸와 아싸

'인싸'와 '아싸'라는 말이 있죠. 인싸는 선망의 대상이고, 아싸는 피하고 싶은 존재예요. 누구나 인싸가 되고 싶어 해요. 인싸가 최고인 것처럼 선망하죠. 특히 마음이 사이에서는 인싸가 되는 게 최고의 목표가 되기도 할 거예요. 사춘기에는 친구 사이에서의 인기가 정말 중요하니까요. 한 번쯤 친구들에게 둘러싸여 있는 기분을 느껴보고 싶을 거예요. 친구들이 서로 나와 함께 하겠다고 경쟁하면 얼마나 기분이 좋을까 상상도 해봤겠죠. 인싸는 마음이에게 그림의 떡 같은 존재이죠.

도대체 인싸의 특징이 뭐죠? 어떻게 하면 인싸가 될 수 있을까요? 인싸는 대체로 밝고 활동적인 친구들이 많아요. 운동도 잘하고 활달하고 사교성이 좋은 아이들이요. 흔히 말하는 외향적인 성향의 친구들이 대부분이죠. 반면 아싸는 조용하고 친구가 많지 않은 편이죠. 극소수의 친구들과 관계를 맺지만 깊이도 얕고 티가 나지도 않아요. 아예 친구 없이 늘 외톨이로 머무는 아이들도 가끔 있어요.

그런데 그거 아세요? 사람들의 절반 이상은 내향적인 성향이에요. 즉, 기본적으로 아싸 기질을 갖고 있는 친구들의 수가 더 많다는 거죠. 내가 갖고 있는 성향이 조용한 편인데 갑자기 인싸가 되기 위해서 무리해서 많은 친구를 사귀게 된다면 어떨까요? 과연 행복할까요? 자기 자신을 끊임없이 변화시켜야 하는 일이 즐겁지만은 않을 거예요. 고단하고 힘들겠죠.

무엇보다 중요한 것이 나만 아싸는 아니라는 거예요. 다른 친구들은 모두 인간관계에 어려움이 없는 것처럼 보이겠지만 그렇지 않아요. 고민이 없는 친구가 있을까요? 아싸인데 인싸를 꿈꾸는 친구들은 서로 비슷한 마음을 갖고 있을 거예요. 또한 화려해 보이는 인싸에게도 나름의 고충이 있을 거고요. 지금의 내 모습과 180도 다르게 바꾼다고 해도 고민이 모두 사라지지는 않아요. 바뀐 내 모습에서 또 다른 고민이 생겨날 거예요. 그러니 무리

하게 나를 바꿔가며 인싸가 되겠다는 욕심을 버리세요. 마음이가 갖고 있는 내 모습에서 내 성향에 맞게, 내 방식대로 해나가면 된답니다.

⊗ 내 성향에 맞게

친구가 없어 외롭다는 생각이 한번 들면 친구 관계에만 집착하게 되는 경향이 있어요. 어떻게 하면 친구를 사귈 수 있을까 하는 고민만 많아지게 되죠. 그러다 보면 내 장점을 키울 수 있는 기회를 놓치게 돼요.

    인맥이 넓고 사회성이 좋은 것은 멋지지요. 하지만 적은 사람들과 깊은 교류를 유지하는 것도 가치 있는 일이랍니다. 그런 교류를 위해서는 혼자서도 잘 있을 줄 알아야 해요. 본인의 내면에 충실할 때 타인과의 관계도 좋아지는 거지요. 또한 혼자라고 해서 무조건 외로운 것은 아니에요. 때론 사람들과 가까이 지내도 외로움을 느낄 때가 있어요. 사람들이 곁에 머문다고 해서 가슴이 꽉 차고 행복한 건 아니에요. 인간은 누구나 홀로 서야 하는 존재예요. 같이 있어도 외로울 수 있다는 걸 알았으면 좋겠어요. 진심으로 나를 이해하고 사랑할 수 있는 건 나 자신뿐이니까요.

    자신의 단점이나 자기가 가지지 못한 것에만 초점을 맞추지 말아요. 마음이는 단점보다 훨씬 더 많은 장점을 가진 존재예요. 내향적인 성향은 무언가를 조용히 파고드는 것을 잘해요. 주관이 확실하고 집중력도 뛰어나죠. 그래서 자신의 분야에서 두각을 나타낼 수 있어요. 사람은 각자 자신만의 특성과 장점이 있답니다. 내가 가진 장점을 보지 않고 타인만 부러워하면 행복하지 않고 늘 위축될 거예요.

단 한 명의 친구라도 좋아요. 나와 비슷한 유형의 친구를 만나 깊이 있는 대화를 나누는 것만으로도 우리는 충분히 행복을 느낄 수 있어요. 외롭거나 힘들어하는 친구들의 마음을 깊이 있게 보듬어줄 수도 있지요. 조용하지만 다른 사람의 마음을 안아주는 깊이가 있으니까요. 혼자 있다고 해도 괜찮아요. 그 시간을 나를 성장시키고 단단하게 만드는 시간으로 삼으세요. 혼자 있는 동안 내가 더 좋은 사람이 되는 거예요. 그러면 당연히 주위에 사람들이 모이게 된답니다.

무작정 인싸만을 부러워하지 마세요. 꼭 인싸가 되어야 하는 것처럼 자신을 바꾸려고도 하지 말고요. 내 기질을 어떻게 하면 잘 성장시킬지를 고민해 봐요. 지금 내 모습 그대로도 부족하지 않다는 자신감을 가지세요. 내가 나에 대한 믿음과 자신감이 있을 때 성장하기도 쉽답니다. 마음이는 충분히 좋은 성향을 갖고 있고, 그것이 힘을 발휘할 때가 반드시 올 거예요. 자신을 사랑하면서 때를 기다리세요. 미래에는 자신만의 개성과 분야를 가진 스페셜리스트가 주목받을 거라고 하잖아요. 자신에게 집중하고 성찰하고 좋아하는 분야를 깊이 있게 파고들 수 있는 마음이의 성향이 빛을 발할 날이 올 거예요.

26 매일이 너무 피곤해요

사전적 정의   **피곤하다**   몸이나 마음이 지쳐 고달프다.

엄마   참아, 시간이 늦었는데 안 자니?

참   아직. 채린이한테서 톡이 와서 답장하고 잘게.

엄마   요즘 저녁마다 애들이랑 톡을 엄청 하네.

참   애들이 시험 기간이라서 예민해졌나 봐. 별거 아닌 일에도
        서로 싸우고 우울하다고 하네.

엄마   너는 괜찮아?

참   괜찮은데! 왜?

엄마   친구들 얘기 들어주는 것도 좋은데 너무 피곤해 보여.

참   괜찮아. 내 일은 내가 알아서 할게.

엄마   너는 괜찮다지만 안 그래 보여.

참   친구들이랑 지내는 건 아무 문제 없어. 내가 피곤한 건 엄마
        의 잔소리지. 나는 그게 제일 피곤해.

                            * **참** 언제나 거짓없는 참된 마음을 지닌

내 마음

요즘 친구들 고민 상담하느라 너무 바빠요. 친구들은 고민만 있으면 나를 찾아와서 이야기하고 싶어 해요. 내가 공감을 잘해준대요. 실제로도 친구들의 이야기를 진심을 다해서 들어주려고 노력해요. 친구들은 얘기를 하면서 울기도 하고 웃기도 해요. 얘기가 끝나면 속이 시원하다고 하죠. 그런 얘길 들으면 나도 기분이 좋아져요. 친구들이 나를 찾는 게 뿌듯해요. 친구들이 나를 필요로 한다는 의미니까요.

그런데 며칠 전에 엄마가 나보고 괜찮냐고 물어보시더라고요. 뭐가 괜찮냐는 거냐고 물었죠. 엄마는 내 마음이 어떠냐는 거예요. 질문을 듣고 아무렇지 않다고 대답했는데, 시간이 지날수록 이상한 마음이 들었어요. 나는 내 마음 안에 고민 상담자로서 뿌듯한 마음만 있는 줄 알았어요. 그런데 그 말을 듣고 되짚어보는데 욱하고 화가 나는 거예요. 이상했어요. 엄마는 친구들 때문에 내가 피곤해서 그럴 거라고 하더라고요. 그런데 아니에요. 친구들이 나를 힘들게 하진 않거든요. 물론 늦게까지 이야기를 들어주고 있으려니 조금 졸리긴 하지만, 친구가 나랑 얘기하니 마음이 풀렸다고 했을 때는 힘이 솟았거든요.

　　그런데 엄마의 얘기를 듣고 사실은 그게 힘들었던 걸까 싶은 생각이 들었어요. 괜찮은 게 아니었을 수도 있겠더라고요. 그동안 내 에너지를 친구들에게 모두 나눠주고 있었다는 걸 깨닫게 된 거죠. 좋은 친구가 되고 싶어서 내 에너지를 다 써버린 건 아닌가 싶어 아차 했어요. 그렇지만 친구들과의 상담을 그만두고 싶지는 않아요. 그게 내가 살아 있음을 느끼게 해주거든요. 도움을 주고 싶으니까 조금 피곤한 것 정도는 괜찮아요.

친구들의 고민 상담은 괜찮지만 엄마와의 대화에서는
화가 나고 금방 폭발할 것 같은 상태.

우리 마음

●●● 내 공감의 여력

공감을 정말 잘해주는 사람이 있죠? 함께 이야기를 하고 나면 뭔
가 이해받은 것 같은 마음이 드는 사람이요. 상대방이 내 마음을
알아준 것 같아 털어놓은 것만으로도 마음이 풀리는 그런 경험 있
을 거예요. 이는 내 감정을 공감받았다는 안도감이죠. 그럼 공감
이란 뭘까요? 공감이란 쉽게 말해 이야기를 잘 들어주는 거예요.
말하는 사람이 느낀 감정을 평가하지 않고 그대로 포용하는 것이
죠. 마음이처럼 공감을 잘해주는 친구는 인기가 많고, 찾는 친구

도 많아요. 또 친구들이 찾아오지 않더라도 스스로 어려운 친구를 찾아가요. 도움을 줌으로써 인정을 받고, 그것으로 자기 존재감을 채우는 거죠.

그런데 공감이라는 것에도 한계가 있어요. 마음이가 공감해 줄 수 있는 역량이 정해져 있다는 거죠. 언제까지나 공감해 주고 들어줘도 지지치 않는 사람은 없습니다. 누군가에게 인정받고 사랑받고자 하는 마음에도 한계가 있어요. 그 한계에 도달하면 피곤함이 좋은 사람이고자 했던 마음을 이겨버려요. 그때는 마음이도 어디론가 그 감정을 발산하고 싶어져요. 언제까지나 온화하고 좋은 사람이고 싶지만 공감의 한계에 도달하게 되는 거죠. 마음이의 힘듦과 피곤함은 누가 알아주나 싶어질 거예요. 마음이가 공감해준 대상이 그래 주면 좋겠지만, 자신의 문제에 빠져서 그러지 못하는 경우가 많지요. 그래서 공감을 해주고 나면 허무한 마음이 들 수도 있어요. 본인은 성심성의껏 이야기를 들어주었는데 정작 마음이의 감정을 받아주는 사람은 없으니까요.

좋은 마음에서 시작한 공감이 왜 씁쓸하게 끝날까요? 인간관계는 상호 영향을 주고받는 관계이기 때문이에요. 공감해 주다 지치고 피곤하면 마음이도 폭발하게 되지요. 이때 짜증을 부리는 대상이 누구일까요? 안타깝게도 가족이 되는 경우가 많아요. 그간에 가족에게 쌓였던 묵은 감정까지 끌어내서 짜증을 부리죠. 실제로는 엄마와의 문제 때문에 피곤한 게 아니었는데도 말이에요.

●●● 감정 쓰레기통

이런 대상을 흔히 '감정 쓰레기통'이라고 해요. 나의 나쁜 감정을 마음 편하게 쏟아붓는 존재 말이에요. 그 대상은 가족이 되는 경우가 많아요. 인정받고 싶어서 다른 사람의 감정을 이해만 하다 보니 지치거든요. 하지만 끝까지 멋있는 존재로 남고 싶으니까 그걸 겉으로 표현하지 못해요. 감정을 꾹꾹 누른 채 집으로 오겠죠. 그리고 그 감정을 가족에게 퍼붓습니다.

가족은 서로 사랑하는 존재이자 가장 귀한 관계예요. 하지만 밖에서 에너지를 다 써버렸다면 어떻게 금세 충전할 수 있겠어요? 이런 경우 집에 오면 짜증을 자주 부립니다. 밖에서는 성격 좋기로 유명한 마음이들이 집에서는 말 한마디 안 하는 경우가 허다해요. 자기 방에 들어가서 문을 닫고 조용히 있고 싶어 하지요. 외부에서 에너지를 다 써버렸으니까요.

입을 닫기만 하면 양반입니다. 가족에게 온갖 자신의 부정적인 감정을 쏟아붓기도 해요. 특히 가장 편한 대상인 엄마가 감정 쓰레기통 역할을 하게 되는 경우가 많아요. 이게 정당할까요? 절대 그렇지 않습니다. 가장 귀한 관계를 망치는 행동이에요. 함부로 대하거나 내 감정을 쏟아부어도 마땅한 대상은 없어요. 특히 가깝고 소중한 사람에게 그러는 것은 무엇보다 어리석은 일이지요. 가족을 감정 쓰레기통으로 사용하는 일은 서로의 관계만 멀어지게 할 뿐 절대 서로에게 도움이 되지 않아요.

　　감정을 쏟아붓는 것보다 좋은 해결책이 있습니다. 바로 스스로의 한계를 인정하는 거예요. 마음이가 주위를 모두 만족시킬 수 없다는 사실을 받아들이는 거죠. 좋은 사람이 되고 싶은 욕심을 조금 내려놓으세요. 마음이의 공감의 여력에 한계가 있다는 것을 인정하고 중간중간 끊어주는 거예요. 모든 것을 공감하고 수용할 수는 없어요. 할 수 있는 만큼만 받아들여야 해요. 타인에게 좋은 사람이고자 자신과 가족에게 무리한 것을 요구하지 마세요. 지칠 때는 쉬어야 합니다.

　　또한 마음이의 감정을 공감받을 수 있는 대화 상대 역시 마련해 두어야 해요. 마음이의 감정 또한 나누고 인정받을 수 있는 대상이 필요합니다. 마음을 터놓고 대화할 수 있는 존재라면 나이나 지위는 상관없어요. 친구도 좋고 가족이어도 좋죠. 그 대상과의 대화를 통해 마음이의 감정을 공감받으며 스스로를 치유해 보세요. 공감을 해주는 것과 공감을 받는 것, 이 두 가지를 함께 해나갈 때 좋은 대인관계를 맺을 수 있을 거예요.

27 이해받지 못해 외로워요

사전적 정의 **외롭다** 홀로 되거나 의지할 곳이 없어 쓸쓸하다.

엄마 찬솔아, 오늘 발표회 어땠어?

찬솔 잘하긴 하던데 조명이 약하고 무대 구조도 좀 답답했어. 공
연 순서도 좀 지루해서 아쉬웠어.

엄마 좋은 건 없었어?

찬솔 소외되는 친구들 없이 모두 함께 꾸미는 무대라서 의미는 있
었던 것 같아.

엄마 아니, 그런 분석적인 평 말고 다른 건 없어? 감동적이었다던
가, 무대가 아름다웠다던가.

찬솔 없어.

엄마 엄마는 네가 딱 부러져서 좋긴 한데, 그렇게 맞는 얘기만 하
면 애들이 싫어할 수 있어. 난 너랑 얘기하는데 왜 이렇게 아
빠랑 대화하는 거 같지?

찬솔 애들이랑 별문제 없어. 게다가 학교는 친구 사귀러 가는 데
는 아니잖아. 공부 잘하고 오면 되는 거 아냐?

* **찬솔** 알차고 잘 자란 소나무같은

내 마음

나는 냉정하고 이성적이라는 말을 많이 들어요. 공부할 때는 논리적이기 때문에 도움이 많이 돼요. 크게 불만은 없어요. 공부하는 게 즐겁기도 하고 논리적으로 무언가를 찾는 것이 재미있어요. 친구들과도 잘 지내는 편이에요. 가끔 제 말에 분위기가 싸해질 때도 있긴 하지만, 누구나 바른말을 들으면 움찔하잖아요. 그정도의 침묵이지요. 누군가 나에게 그 부분을 지적해도 그렇게 기분 나쁘지는 않아요. 이성적이고 논리적인 내 모습이 마음에 드니까요.

가끔 엄마가 나보고 냉정하다고 하시는 게 문제죠. 나는 엄마를 차갑게 대할 의도가 전혀 없거든요. 엄마가 왜 자꾸 나한테 뭐라고 하는지 모르겠어요. 엄마와 대화할 때 나름 최선을 다해서 공감하려고 노력하는데, 엄마가 자꾸 비난하는 말투를 쓰니까 힘들어요. 특히 참기 힘든 건 내가 아빠와 비슷하다는 말이에요. 나는 아빠랑 전혀 다르거든요. 아빠가 너무 싫은데 그런 말을 들으면 기분이 나빠져요. 나는 화가 난다고 흥분해서 소리를 지르거나 울지 않아요. 오히려 더 이성적이고 차분해지죠. 아빠는 달라요.

화가 나면 소리를 지르고 물건을 집어 던지기도 해요. 어릴 때는 그게 너무 힘들었어요. 정말 무섭고 떨려서 언젠가부터 그런 분위기가 생길 것 같으면 집 밖으로 나갔어요. 밖으로 못 나갈 때는 귀를 막고 내 방에 들어가서 숨어 있었어요. 누군가 와서 도와줬으면 싶었지만 엄마는 울기만 했어요.

지금도 갈등 상황이 생기면 일단 도망가요. 그리고 일이 다 해결될 때까지 그 상황을 피해 있어요. 그런데 내가 소리 지르고 분노하는 아빠와 닮았다니! 저는 그 말은 도저히 받아들일 수가 없어요. 아빠와 닮았다는 말을 들을 때마다 화가 나고, 아무도 내 마음을 몰라주어 외롭다는 생각이 들어요. 엄마조차 나를 이해하지 못하는데 어떻게 외롭지 않을 수 있겠어요. 외로울수록 더더욱 이성적으로 생각할 거예요. 이성과 논리만이 나를 편안하게 지켜주니까요.

우리 마음

✖ 감정을 다루기 어려울 때

이성적이고 논리적으로 문제를 해결하는 것이 스스로를 힘들게 만드는 상황이군요. 나름 이성적이고 논리적인 자신의 모습을 나쁘지 않다고 생각하지요. 스스로가 똑똑해 보이니까요. 공부하는 게 제일 쉽다고 생각하는 친구들이 흔히 그럴 거예요. 옆에서 친구들이 보면 그렇게 냉철해 보일 수가 없지요. 수업 시간에도 논리적으로 따지고, 토론을 할 때는 가차 없이 의견을 내세우고 반박하죠. 논리로 상처를 주고도 눈 하나 깜짝 안 합니다. 감성보다는 이성을 중요하게 생각하니까요. 친구들이 친하다고 생각했는데 어떻게 그럴 수가 있느냐고 따지면 대답할 말이 없어요. 감정적으로 힘든 부분을 이야기하면 어떻게 대처해야 할지를 모르거든요. 대답이 없는 걸 넘어서 친구를 피하기도 해요. 똑똑하긴 한데 감정적으로 답답해요. 쉽게 친구가 될 수 없는 스타일이에요. 물론 마음이 스스로는 전혀 그렇게 생각하지 않지요.

마음이에게는 수학이 가장 쉬운 과목일 거예요. 수학은 답이 정확하게 있으니까요. 하지만 친구 관계는 아니죠. 마음을 알아주고 공감해 주는 것이 너무 불편할 거예요. 친구로서 힘든 점이 있으면 말해보래요. 없거든요. 감정적인 질문을 던지면 뭐라고 말해야 할지 모를 거예요. 질문 자체가 불편하죠. 자신은 친구 관계에 전혀 문제가 없다고 생각하니까요. 본인은 그렇게 느끼지 못하지만, 옆에서 보기엔 참 외로워 보여요. 감정적인 교감을 하지 않고 건조하게 있는 모습이 신기하고 이상하죠. 하지만 정작 스스로는 불편함을 느끼지 않는 게 더 신기한 연구 대상들이죠. 논리적으로 분석해 보세요. 이런 상황들이 마음이 자기 이야기 같다고 판단되나요?

마음이가 가장 불편을 느끼는 건 감정적으로 부딪힐 때일 거예요. 감정적으로 폭발하거나 갈등이 발생하는 상황이 너무 힘들고, 어쩔 줄을 몰라 안절부절못하게 되죠. 감정은 이성으로 컨트롤하기가 쉽지 않아요. 이런 친구들은 왜 그렇게 감정을 어려워할까요?

✖ 논리만으로는 다뤄지지 않는 부분

이런 유형의 마음이는 어려서 불안을 경험했을 가능성이 커요. 불안할 때 믿고 의지할 수 있는 타인이 없었던 거죠. 불안을 제대로 다룰 수 없었던 마음이는 감정을 누르기 시작했을 거예요. 감정을 제대로 다룰 기회를 놓쳐버린 거죠. 화가 나면 오히려 이성적으로 변하는 것도 그래요. 이런 경험을 통해 생겨난 방식이에요. 사실은 냉정하고 냉철한 게 아니에요. 어찌할 줄 몰라서 회피하고 있다는 표현이 맞아요. 감정적으로 불안을 일으켰던 상황을 다시 만들고 싶지 않으니까 이성을 앞세웠겠죠. 이런 경우 공부에 몰두하는 것도 같은 이유예요. 감정의 미묘한 부분보다 지식을 다루는 게 마음이 편안하기 때문이죠. 슬프고 불안할까 봐 두려워서 도망가는 거예요. 표현하기 애매하고 부담스러운 감정을 피하는 거죠. '나는 이성적이고 논리적이야'라는 가면을 쓰고 말이에요.

하지만 감정을 언제까지나 피할 수만은 없잖아요. 슬플 때는 눈물을 흘리는 게 당연해요. 그걸 알기 때문에 자신에게 질문을 던집니다. '나는 왜 이렇게 차갑지?', '나는 왜 이렇게 정이 없지?'라고요. 하지만 내면의 불안과 슬픔을 감추기 위해서 이성을 앞세우는 것일 뿐이에요. 누구보다 정이 많고 여린 사람인 경우가 많아요. 논리라는 틀 안으로 숨어버렸지만, 세상은 감정을 나눌 때 훨씬 더 풍부해짐을 알기 때문에 외로움을 느끼고 있을 거예요. 피할 수 없는 외로움 안에서 아무도 나를 이해하지 못해 혼란스러움에 빠지고요. 그것을 피하기 위해 더 이성적으로 변하기도 한답니다.

너무 걱정하지 마세요. 마음이에게는 아직 만회할 기회가 있어요. 어릴 때의 불안을 회피하려고 하지 마세요. 사연의 주인공인 찬솔이 같은 마음이는 엄마에게 아빠에 대한 두려움과 무서움을 표현하는 것만으로도 도움이 될 거예요. 엄마가 불안한 상황을 만들었다면 믿을 수 있는 어른에게 털어놓아도 돼요. 친구에게 감정적으로 의지하는 연습도 좋아요. 마음이의 감정을 털어놓는 연습을 하는 거예요. 감정을 털어놓아도 안전하다는 경험이 쌓이면 언제까지 도망가지 않아도 된답니다.

아주 작은 감정이라도 주변에 고백해 보세요. 상대방이 싫어하지 않아요. 마음이를 소중하게 여기는 사람이라면 오히려 마음이의 감정이 알고 싶을 거예요. 마음이의 고백을 기다리고 있었을 거랍니다. 속 시원하게 털어놓으세요. 괜찮아요. 마음이의 감정은 얼마든지 수용 받을 수 있어요. 그게 어떤 빛깔의 감정이든 상관없어요. 염려하지 말고 사람을 믿어 보세요. 논리적인 껍데기를 벗어버리면 깊고 깊은 외로움에서 벗어날 수 있을 거예요.

28 아빠, 라떼는 싫어요

◆

사전적 정의 **아빠** 자녀를 둔 남자를 자식에 대한 관계로 일컫는 말.

아빠 이하나, 너 이리 나와 봐. 밥을 먹었으면 식탁을 깨끗이 치워놔야 할 거 아냐. 어린애도 아니고 언제까지 이럴래?

하나 왜 저래.

아빠 뭐라고? 왜 저래? 너 아빠한테 그게 무슨 말버릇이야.

하나 갑자기 폭풍 잔소리를 하니까 그렇지. 아빠도 밥 먹고 나면 맨날 엄마가 치우더만.

아빠 말하는 것 봐라. 학교에서 선생님이 그렇게 가르치던?

하나 난 내 생각을 말한 것뿐이야. 대화 같은 대화도 안 하면서 혼내기만 하잖아. 언제 내 얘기 진지하게 들어준 적 있어?

아빠 나 때는 이렇게 대들면 할아버지한테 죽도록 얻어맞았어.

하나 그때랑 지금이랑 같아? 아빠가 나에 대해서 뭘 안다고. 나에 대해서 함부로 판단하지 마.

* **하나** 이 세상에 하나뿐인 소중한

내 마음

아빠는 요즘에 정말 잔소리가 심해요. 예전에는 안 그랬거든요. 회사 다녀와서 잠자기 바쁘고, 주말에는 하루 종일 텔레비전만 봤어요. 놀고 있는 나한테 매번 조용히 하라고만 했었죠. 가끔 엄마 잔소리 때문에 같이 놀아주긴 했는데, 제대로 놀아주지 않아서 별로 재미는 없었어요. 그래도 그때는 이렇게 잔소리는 안 했거든요. 내가 뭘 하면서 놀든 크게 신경 안 썼으니까요.

요즘에는 잔소리를 너무 많이 해요. 진짜 폭풍 잔소리예요. 게다가 잔소리가 또 너무 옛날 스타일이에요. 나보고 말대꾸를 한다거나 버릇이 없다는 얘기를 자꾸 해요. 나는 아빠 표현처럼 따박따박 말대꾸를 하는 게 아니에요. 그냥 내 의견을 말하는 것뿐이라고요. 어리다고 해서 의견을 무시하면 안 되잖아요. 게다가 내 인생에 대한 얘기잖아요. 왜 아빠 말만 듣고 조용히 따라야 하는지 모르겠어요. 이제까지 나한테 관심도 없더니 갑자기 잔소리를 퍼부으니까 아빠가 더 싫어지는 거 있죠?

내가 본받을 만한 모범적인 생활을 하면서 잔소리를 하면 조금이나마 이해를 하겠어요. 하지만 전혀 아니에요. 내가 볼 때 아빠 생활도 그렇게 모범적이지 않거든요. 그냥 내 인생에 대해서 말을 안 했으면 좋겠어요. 내 고민이 뭔지, 내 마음이 어떤지 알지도 못해요. 옛날 방식의 기준만 고집하는 아빠가 너무 답답해요. 교감도 하나 없이 자기 얘기만 하는 아빠가 이해가 안 가요. 아빠의 잔소리를 들을 때면 화만 나요. 그래서 더 미운 대답만 하게 되죠.

　　아빠가 나한테 관심을 꺼줬으면 좋겠어요. 원래 하던 대로 텔레비전을 보거나 자거나 하면서 아빠 인생을 살면 안 되나요? 갑자기 나한테 관심을 갖는 게 너무 부담스러워요. 아빠가 자꾸 잔소리하는 바람에 엇나가고 싶은 마음이 들 정도라니까요. 아빠, 제발 나한테 관심 좀 꺼주면 안 될까요?

- 갑자기 내 인생에 관심을 가지며 폭풍 잔소리를 퍼붓
  는 존재.
- 말이 안 통함.

우리 마음

♦ 아빠의 청춘

하나가 아빠랑 대치 중이네요. 요즘 아빠들 중에 이런 아빠가 흔
하지는 않은데 안타깝네요. 요즘은 가정적이고 자녀 양육에 적극
적인 아빠들도 많은데, 하나는 아빠와 그렇게 다정하게 지내지 못
했군요. 하나 아빠는 예전에 자기가 양육된 방식대로 하나를 대하
네요. 아무 말도 못하게 하니 하나가 많이 답답하겠어요.

　　마음이 아빠도 하나네 아빠처럼 저런 구석이 있을 거예요.
자신이 어려서 해왔던 방식을 강요하는 거죠. 또 본인이 사회생활을 하면서 겪었던 지식이나 삶의 태도들을 자식에게 바랄 때가 있을 거예요. 그럴 때면 답답하다는 생각이 들죠. 아빠와 마음이는 세대 차이가 30년 안팎으로 나잖아요. 서로 생각이 통한다는 게 쉽지 않죠. 아빠랑 얘기하기 싫을 때가 많을 거예요.

아빠가 이해 안 되고 미워질 때는 아빠가 들려준 아빠 인생 이야기를 한번 쭉 떠올려 보세요. 도대체 아빠는 어떤 인생을 살았기에 저런 말을 할 수밖에 없는지 생각하기 위해서요. 아빠는 엄격한 할아버지 할머니 사이에서 자랐대요. 남자는 울면 안 된다는 이야기를 듣고 컸지요. 자기가 힘들 때 말로 표현해 본 적이 없고 무조건 참았을 거예요. 사실 지금도 그러고 있을 가능성이 많고요. 그것이 마음이가 의견을 말하는 건데도 말대꾸를 한다고 생각하는 이유일 거예요. 가족 간에 평등한 대화를 나눠본 적이 없는 아빠예요. 마음이가 이해가 안 되겠죠. 본인은 어른들이 말하는 것을 그대로 따르기만 했었으니까요. 그렇게 외롭게 커서 직장에 들어갔고 결혼을 했을 거예요. 직장 문화도 가정에서와 마찬가지로 윗사람의 말을 그대로 따라야 하는 수직적인 문화였을 거고요. 그런 문화에서 생활한 아빠는 마음이와 평등한 대화를 나누기가 쉽지 않죠.

아빠의 인생이 그랬어요. 어리고 힘이 없을 때는 자기 의견을 내본 적이 없는 거예요. 그래서 마음이를 이해하지 못하고 잔소리를 하는 거죠. 아빠를 모두 이해할 수는 없어요. 그대로 받아들이라는 말도 아니에요. 다만 아빠의 인생을 생각해 보면 조금은 이해할 수 있지 않을까요? 아빠도 자기 의견을 제대로 표현하지 못하고 눈치를 많이 보면서 살았어요. 인생이 고단하고 외로웠을 거예요. 다 이해는 못 해도 조금 안쓰러운 마음은 가져주면 어떨까요? 그럼 아빠랑 대화가 조금은 편해지지 않을까요?

♦ 관계 개선의 신호

하나 아빠처럼 자녀가 사춘기가 되면서 달라지는 아빠들이 있어요. 어릴 땐 사랑을 주기만 했었다면 이제 잔소리를 통해서 자신의 권위를 세우려 하는 거죠. 마음이가 어릴 때는 직장에서 최고로 인정받고자 바빴겠죠. 일 잘하던 아빠는 무척 피곤해서 주말이면 자거나 텔레비전을 보면서 피곤과 스트레스를 풀었을 거예요. 그런데 상황이 조금 달라졌어요. 아빠 나이가 이제 회사에서 최고로 인정받는 시기는 지났거든요. 그래서 집에서라도 자신의 존재감을 알리고 싶어지는 거죠. 그게 마음이에 대한 관심으로 변했을 가능성이 커요.

마음이 입장에서는 갑자기 훅 들어오는 아빠의 관심이 부담스럽죠. 아빠의 인생도 잘 모르고 성격도 잘 모르는데 갑자기 들이대니 난감할 거예요. 물론 아빠가 가까이 지내고 대화를 많이 한 가정도 있겠지만, 그런 경우라고 해도 나에게 갑자기 너무 많은 관심을 보이면 부담스럽겠죠. 그야말로 사춘기, 독립을 꿈꾸는 시기여서 자신의 삶을 스스로 결정하고 부모님의 그늘에서 벗어나고 싶은데 갑자기 아빠가 관심을 갖고 사사건건 잔소리를 하니 못마땅할 겁니다. 학교생활은 어떠냐고 묻다가 내 대답에 '라떼는 말이야'를 시전하는 아빠가 답답할 거예요.

하지만 그거 아세요? 사실 아빠는 지금 관계를 개선하기 위해서 나름 노력하고 있는 거예요. 그 방식이 마음이 마음에 들지 않겠지만, 화만 내거나 밀어내지 말아요. 대신 마음이가 아빠에게 가르쳐 주면 어떨까요? 이제라도 노력하는 아빠를 위해서 내가 좋아하는 방식을 아빠에게 이야기해 주세요. 아빠는 마음이를 알고 싶은 거니까요. 터놓고 얘기를 나눠보면 생각보다 나쁘지 않을지도 몰라요. 아빠도 마음이와 비슷한 구석이 있을 테니까요. 아빠가 사회생활을 하면서 배운 스킬들을 마음이와 나누면 도움이 될 수도 있어요. 마음이가 서투른 아빠의 노크에 조금만 더 부드럽게 반응해주세요. 방식이 잘못된 거라면 말해주세요. 서로 고쳐 나가고 맞춰 나갈 수 있도록요.

물론 한 번에 안 바뀔 수도 있어요. 아빠는 지금까지 그렇게 살아왔으니까요. 그래도 노력해 보자는 거예요. 아빠가 조금이라도 바뀌면 마음이가 많이 칭찬해 주고 인정해 주세요. 아빠도 더 쉽게 바뀔 수 있을 거예요. 이것이 나중에 성인이 되어서까지

어색하지 않은 관계를 가질 수 있는 방법이에요. 평생 아빠와 그렇게 남처럼 미워하고 지내고 싶지는 않잖아요? 마음이가 아빠를 도와주세요.

29 엄마의 기대가
부담스러워요

사전적
정의
엄마 자기를 낳은 여성.

엄마   학교에서 별일 없었지?

하늬   그냥 그랬어.

엄마   얼굴이 영 아닌데. 왜 그래?

하늬   엄마, 나 친구가 없어.

엄마   그게 무슨 말이야? 일곱 명이 같이 다닌다고 했었잖아.

하늬   근데 애들이 나 몰래 단톡방을 만들었더라.

엄마   갑자기 왜 그런대? 나쁜 녀석들이네.

하늬   모르겠어. 내가 실수한 게 있나? 어떻게 해야 할지 모르겠어.

엄마   지난번 방학식 날도 바람 맞히더니! 내 이것들을!

하늬   엄마가 왜 이렇게 화를 내. 내가 내일 가서 찬찬히 알아볼게.

엄마   알아보고 말 것도 없어. 그런 것들은 친구를 끊어버려.

하늬   이러니까 내가 엄마한테 말하기 싫어하는 거야. 어른이면 어
른답게 이성적으로 말해줄 수는 없어?

* **하늬** 하늬바람처럼 시원한

232

내 마음

엄마는 진짜 이상해요. 내 일에 나보다 더 흥분을 한다니까요. 내가 힘들거나 슬퍼하면 나보다 더 속상해하는 것 같아요. 엄마가 나를 얼마나 사랑하는지는 물론 알죠. 그 마음이 고맙긴 한데 가끔은 부담스러워요. 내 인생이니까 어떻게든 나 혼자서 헤쳐나가고 싶거든요. 엄마는 나에게 무슨 일만 생기면 엄청 열성이에요. 하지만 내가 혼자서 할 수 있는 일은 믿고 맡겨줬으면 좋겠어요. 나 혼자서 해결할 수 있는 일까지 관여하려고 할 때는 싫어요. 사랑이 부담스럽다고나 할까요. 이런 생각이 들 때는 한편으론 죄책감이 들기도 해요. 누가 엄마만큼 나를 사랑해 주겠어요. 그런 엄마를 내가 밀어내는 것 같아 미안해요. 물론 나도 엄마를 많이 사랑해요. 하지만 사랑한다고 해서 내 인생을 결정하는 것 같은 느낌까지 참아야 하는 건 아니잖아요?

사춘기여서인지 내 마음은 지금 불편해요. 사랑하긴 하지만 엄마와 조금 멀어지고 싶은 마음이에요. 엄마가 소중하긴 하지만, 지금은 친구도 소중하거든요. 친구와의 일은 내가 알아서 하고 싶어요. 사사건건 말해주길 바라는 엄마에게 비밀을 갖고 싶다고요. 그럼에도 가장 인정받고 싶은 존재가 엄마인 건 분명해요. 엄마는 나에게 여러 가지 감정으로 다가오는 복잡한 존재예요.

사랑하지만 부담스러운 엄마 때문에 요즘 힘이 드네요. 내 인생에 너무 관심이 많은 엄마가 조금만 거리를 지켜줬으면 좋겠어요. 제발 내 일에 먼저 흥분 안 했으면 좋겠어요. 속상한 나를 달래주는 게 엄마의 역할 아닌가요? 안 그래도 힘든데 엄마까지 달래줘야 한단 말이죠. 어른이고 엄마면 객관적으로 상황을 판단하고 진짜 힘이 될 말을 해줬으면 좋겠어요. 그러지 못하는 엄마 때문에 힘든 일이 있어도 말하지 않을 때가 많아요. 내가 혼자서 해결하거나 친구에게 고민 상담을 하는 거죠. 친구는 공감을 해주지 나를 더 힘들게 하지는 않거든요. 엄마가 제발 내 인생에 너무 깊이 관심 갖지 않았으면 해요. 나 혼자서 설 수 있도록 해줬으면 좋겠어요. 난 언제까지나 엄마가 돌봐야 하는 어린아이가 아니니까요.

- 가장 가깝고 사랑하고 기대를 충족시키고 싶지만 그 마음이 때로는 부담스러운 존재.

우리 마음

⬡ 엄마만 느끼는 감정

엄마와 아이를 두고 실험을 했대요. 아이가 고통을 느낄 때 엄마 뇌의 변화를 관찰한 것인데, 아이가 힘들어할 때 엄마의 뇌는 본인이 힘들 때 활성화되는 영역과 동일하게 움직였대요. 엄마는 자녀의 고통을 자기 자신의 아픔처럼 느꼈던 거예요. 엄마들이 그래요. 자식이 기뻐하면 자신의 일처럼 기뻐하고, 자식이 아플 때는 본인보다 더 힘들어해요. 엄마는 자녀를 그만큼 가깝게 느끼는 거죠. 자신의 분신처럼 말이에요. 마음이 엄마만 그런 게 아니라 전

세계 엄마들이 다 그렇답니다.

엄마들은 늘 유난이잖아요. 마음이의 일에 너무나 적극적이죠. 스스로 해결하고 싶은데 엄마가 결정하고 끼어드는 경우는 진짜 화가 나죠. 엄마는 늘 마음이에게 궁금한 게 많고 끼어들어 훈수를 두고 싶어 하잖아요. 마음이는 그게 싫지요. 마음이의 가능성을 믿고 기다려줬으면 싶은데 전혀 그러질 않으니까요. 그런데 이유가 있었네요. 왜 그렇게 엄마 인생처럼 마음이를 좌우하려고 하는지 이제 알겠어요? 그런 마음은 엄마만이 느끼는 감정이랍니다. 그렇다고 그걸 다 이해하라거나 온전히 받아주라는 것은 아니에요.

가장 가까우면서도 밀어내고 싶은 존재라 죄책감을 느끼는 감정도 당연하죠. 제일 인정받고 싶은 존재인 것도 맞아요. 반대로 나에 대한 엄마의 기대가 너무 커서 그 부담이 마음이를 짓누르잖아요. 그것 때문에 원망스럽고 벗어나고 싶은 사람이 엄마일 거예요. 엄마의 마음이 그렇듯 마음이의 감정도 한가지로 정의하기 어렵죠.

엄마들이 다른 아이 대하듯 마음이를 대했으면 좋겠죠? 밖에서는 그렇게 친절하고 관대하면서 나에게는 안 그러니까요. 다른 아이들에겐 그렇게 잘 웃어주면서 나에겐 지적만 할 뿐 칭찬은 거의 하지 않아요. 자기 자신처럼 느낀다면 그렇게 함부로 대하거나 화를 낼 수 없을 것 같은데 이상하죠? 사랑하면서도 간섭하는 엄마의 이중적인 모습이 너무 싫을 거예요. 나에 대해 제대로 된 인정도 안 해주면서 기대만 한가득인 것도 부담스럽죠. 마음이가 싫어하고 부담스러워하면 그 자리에서 멈춰야 하잖아요. 그걸 안 하니까 화가 나고 섭섭한 거죠. 미안하다고 사과하고 이내 또 그러는 모습에 진저리가 날 거예요. 이게 다 엄마의 욕심 때문이랍니다. 내 자식이 잘났길, 행복하길 바라는 엄마의 욕심 말이에요. 그 욕심이 엄마 자신도, 마음이도 참 힘들게 하지요.

⬡ 엄마와의 거리 두기

아무리 가까운 사이라도 인간관계에선 적당한 거리가 필요해요. 그리고 나만의 공간도 필요하죠. 누구의 간섭도 받지 않는 그 공간에서 우리는 나 자신으로서 머물 수 있어요. 가족이라 해도 서로 조심하고 지켜줘야 하는 부분이 있는 거죠. 그래야 독립적이면서도 가까움을 유지할 수 있어요.

그런데 엄마는 아니에요. 그 거리를 침범해서 마음이에게 자꾸 다가오죠. 그럴 때마다 마음이는 한발 뒤로 물러나고요. 이건 나만의 공간을 갖고 싶은 마음 때문이에요. 스스로 홀로 서고 싶어서 그래요. 죄책감을 갖지 않아도 괜찮아요. 엄마에게 "이건 내 인생이야"라고 말해도 돼요. 그런 말을 들으면 엄마가 당장은 상처를 받으면서 화를 내겠지만, 이런 일이 반복되면 엄마도 차츰 이성적으로 생각하게 될 거예요. 엄마는 마음이를 키우면서 자신도 함께 성장해 나간답니다. '다 큰 어른이 뭘 더 커요?'라고 생각할 수도 있겠지만 아니에요. 사춘기인 마음이만 크는 게 아니에요. 우리는 평생 배우고 성장한답니다. 엄마를 가장 많이 키워주는 게 바로 마음이에요. 마음이를 통해서 엄마도 성장해요. 자신이 어렸을 때 엄마에게서 받지 못했던 사랑과 부족했던 마음을 엄마로서 치유하고 키워나간답니다. 그건 엄마의 몫이에요. 마음이가 할 수 있는 것은 열심히 치열하게 본인의 인생을 사는 거죠.

'엄마가 나를 얼마나 사랑하는데……' 하면서 미안해하지 않아도 돼요. 또한 엄마의 과한 기대대로 움직이지 않아도 괜찮습니다. 그 문제의 해결은 엄마의 몫으로 남겨두세요. 해결되지 않은 엄마의 감정은 엄마가 해결해야 할 부분이에요. 그렇게 서로 성장하다 보면 언젠가 서로가 편안해지는 날이 올 거예요. 죄책감도 부담감도 모두 내려놓고 마음이의 인생을 사세요. 엄마가 앞서 간섭하면 당당하게 싫다고 말하세요. 미리 살아본 엄마가 걱정을 하면 내가 부딪혀보면서 스스로 깨치겠다고 말해요. 그걸 이해하는 순간 엄마도 성큼 자라게 될 거예요. 마음이가 독립된 개체임을 인식하게 되겠지요. 마음이는 사랑하는 엄마를 키워주고 있어요.

30 형제자매 사이가 나빠요

⋀⋀⋀

**사전적
정의** **형제자매** 남자 형제와 여자 형제를 아울러 이르는 말

하랑 야, 김하얀. 내 책상 위에 있던 과자 네가 먹었어?

하얀 아니거든! 왜 나한테 그래?

하랑 네가 맨날 허락 없이 내 물건 만지니까 그렇지!

하얀 언니가 내 물건 가져간 적도 있잖아.

하랑 내가 언제?

하얀 이모가 준 과자 언니가 말도 없이 먹었잖아. 난 학교에서 과
      자 주면 언니 주려고 매번 두 개씩 챙겨 오는데, 언니는 언제
      나 챙겨준 적 있어?

하랑 네가 언니 대우를 똑바로 하면 내가 너를 안 챙기겠어? 말로
      만 언니 언니 하면서 늘 무시하잖아.

하얀 내가 언제 무시했어? 날 무시하는 건 언니잖아.

엄마 너희들 또 싸우니? 그만 좀 하렴. 아주 지긋지긋하다.

* **하랑** 함께 사는 세상에서 높고 훌륭한
하얀 순수하고 맑은

내 마음

하랑: 요즘 제일 부러운 건 외동인 친구들이에요. 엄마 아빠 사랑도 독차지하고, 물건도 혼자 다 갖고 얼마나 좋을까요? 난 자매라서 너무너무 불편해요. 사사건건 시비 걸고 버릇없이 구는 동생 때문에 너무 스트레스 받아요. 하는 짓은 또 얼마나 얄미운데요. 내가 혼나고 있으면 자기는 슬그머니 나가서 방 청소를 해요. 그러면 엄마가 동생만 칭찬하면서 나를 더 혼내는 거죠. 언니인데 동생보다 못하다고요.

엄마 아빠랑 있을 때는 그렇게 착한 척을 하다가도 둘이 있을 땐 완전 달라져요. 얼마나 시비를 거는지 아세요? 말로만 언니라고 부르지 매번 나를 무시해요. 정말 열 받아요. 그런데 엄마는 내가 언니니까 나보고만 참으래요. 언니로 태어난 게 죄는 아니잖아요. 부담감도 맨날 나한테만 주고, 뺀질거리는 동생한테는 아무 잔소리도 안 해요. 그럴 땐 진짜 동생도 엄마도 너무 얄미워요. 동생이 없었으면 좋겠어요.

하얀: 언니는 늘 엄마 아빠한테 1순위예요. 늘 언니가 먼저이고,

나는 뒷전이죠. 좋은 게 있으면 그건 늘 언니 몫이에요. 엄마 아빠의 사랑과 믿음을 독차지하는 언니가 너무 얄미워요. 그런데도 언니는 나한테 미안한 마음이 하나도 없어요. 내가 투덜거리면 몸으로 밀치고 슬며시 꼬집기도 한다니까요. 표시 안 나는 곳에만 그렇게 하니까 진짜 열 받아요. 엄마한테 이르려 해도 증거가 없어요. 자기가 언니면 언니답게 굴어야 대우를 할 거 아니에요. 저렇게 얄밉게 굴면서 대접만 받으려고 해요. 자기는 챙겨주지도 않으면서 내가 잘하기만 기대하면 안 되잖아요.

　밖에 둘이 나갔을 때도 동생이라고 잘해준 적이 없어요. 다른 애들한테는 칭찬을 하면서도 나한테는 눈길 한번 주지 않아요. 차라리 언니가 없었으면 기대도 안 할 텐데요. 언니가 너무 미워요. 자기는 나를 한 번도 다정하게 안 대했으면서 나한테 대우받을 생각만 해요. 내가 첫째로 태어났으면 동생을 정말 사랑했을 거예요. 우리 언니는 언니로서 자격 미달이에요. 자기밖에 모르는 이기적인 언니를 좋아할 수가 없어요.

**형제
자매**

**마음
사전**

" 아빠 엄마 사랑을 받기 위해 사사건건 다투는, 없었으
면 편했을 것 같은 존재.

우리 마음

∧∧∧ 형제자매의 동상이몽

첫째가 태어나면 엄마는 세상을 다 가진 것처럼 행복해요. 아이를
돌보는 게 처음이라 서툴고 힘들지만 정말 사랑과 정성으로 아이
를 키우죠. 아이가 커 갈수록 육아도 조금씩 수월해져요. 정이 든
만큼 아이가 더 예뻐지고 소중해지고요. 그런데 아이가 자라면 한
가지 고민이 생겨요. 저렇게 예쁘고 소중한 아이가 혼자 있을 미
래가 걱정이 되는 거죠. '부모인 내가 먼저 죽을 텐데 그럼 저 아이
가 너무 외롭겠구나' 하고 말이에요. 이 냉혹한 세상에서 부모가

없어도 서로 의지하기를 바라면서 형제자매를 만들어줄 생각을 하는 거죠. 그렇게 동생이 태어나게 된답니다. 그런데 무슨 일이래요? 부모의 기대와는 전혀 딴판으로 형제자매는 첫 번째 원수가 됩니다. 바깥에서 누구랑 싸워본 적이 없는 아이라도 집에서는 형제자매와 그렇게 싸워요. 엄마 아빠가 자주 하는 "내가 원수를 낳은 건가?"라는 말이 절로 나옵니다. 가장 편안해야 할 가정이라는 공간에서 서로가 불편한 존재예요.

형제자매는 왜 싸울까요? 이유는 간단해요. 생애 첫 라이벌이기 때문이에요. 부모님의 사랑을 한몸에 받았던 첫째에게 있어 동생만큼 강력한 경쟁자가 없지요. 내 사랑을 나눠야 한다는 것만으로도 미울 거예요. 어리기 때문에 나보다 더 돌봄을 받는 것도 마음에 안 들어요. 나를 돌보던 사랑의 손길이 거둬지면서 허망하죠. 언니나 형으로서 희생을 강요당하기도 하니 아주 억울할 거예요. 반면 동생 입장에서는 어떨까요? 태어나자마자 거대한 경쟁 상대가 버티고 있어요. 이미 엄마 아빠의 사랑과 신뢰를 한몸에 받고 있는 존재이자 나보다 모든 것을 잘하는 존재이죠. 좋은 것을 사도 늘 언니나 형에게 기회가 먼저 주어져요. 그러니 어쩌겠어요? 필사적으로 싸우자고 덤빌 수밖에 없는 거죠. 첫째를 넘어서야만 내가 사랑을 쟁취할 수 있는 거니까 동생도 경쟁에서 지지 않으려고 애를 쓰는 거랍니다.

형제자매가 둘일 때는 그나마 다행인데 셋째, 넷째가 생기면 또 달라지죠. 그 사이에서도 가까이 지내는 관계가 생기니까요. 첫째와 셋째가 보통 사이가 좋은 건 이런 이유랍니다. 직접적으로 경쟁 상대가 되기에는 나이 차이가 많이 나니까요. 짝을 만들어서 경쟁하는 것은 더 복잡한 갈등을 만들어내지요.

∧∧∧ 휴전 제안

형제자매랑 싸우는 것도 힘들지만, 더 힘든 건 따로 있어요. 바로 그럴 때마다 엄마 아빠가 더 흥분하신다는 거예요. 갈등이란 게 조정하는 단계를 거쳐야 해결이 되는데, 형제자매 갈등 과정을 부모님이 참고 지켜보지를 못하시는 거죠. 서로 의견 조정을 하는 것뿐인데, 부모님이 더 흥분해서 화를 내신 적이 분명히 있었을 거예요. 무조건 화해를 하라고 종용하거나 밖으로 나가라고 화를 내세요. 마음이도 대화하면서 쌓인 감정을 풀어야 하는데 도저히 갈등을 해결할 분위기를 만들어주질 않으시죠. 마음이는 부모님이 왜 그러시는지 이해하기 어려울 거예요. 부모가 안 되어 봤으니까요.

싸우는 게 아니라고 얘기를 해도 부모님은 믿지를 않으세요. 서로가 다른 사람인데 어떻게 의견이 딱딱 맞을 수가 있겠어요. 그건 말이 안 되잖아요. 엄마 아빠는 마음이보다도 더 오래 같이 살았으면서도 서로 의견 조율이 안 돼서 싸우잖아요. 그러니 아직 엄마 아빠보다 경험이 적고 맞출 것도 많은 마음이는 오죽하겠어요. 의견 조율을 하고 맞춰가는 것뿐인데 왜 이해를 못 하는지 모르겠죠. 마음이도 엄마 아빠 싸울 때마다 그만하라고 소리지르고 화내고 싶지만 참는데, 어른들이 그걸 더 못 참네요.

이렇게 복잡한 형제자매 관계, 어떻게 풀어가면 좋을까요? 엄마 아빠 말처럼 진짜 피붙이는 다르다는 경험을 한 적이 있는지 생각해 보세요. 화가 날 때마다 생각을 해보자는 거예요. 전혀 없다고요? 그러지 말고요. 어렸을 때부터 재수 없었다고만 하지 말고 잘 생각해 봐요. 한 번쯤은 형제자매가 있어서 좋았던 적 있지 않았어요? 무서운 곳에 가야 하는데 언니 손을 꼭 잡고 갔던 기억 말이에요. 마음이가 힘들고 어려울 때 도움을 주었던 추억이 하나쯤은 있을 거예요. 내가 싸우고 있는데 형이 와서 편을 들어주었던 기억이요. 전혀 없다고요? 그럼 학교에서 동생이 과자를 두 개 받아와서 마음이에게 줘서 맛있게 먹었던 기억은 있죠? 평소 과자를 전혀 못 먹게 했던 엄마라도 그때는 허락했을 거예요. 동생이 누나를 생각해서 가져온 그 마음이 예뻐서요.

형제자매가 없었다면 이런 경험은 못 했을 거예요. 지금은 단지 과자 하나일 수 있지만, 엄마 아빠처럼 나이를 많이 먹게 되면 누구보다 가깝고 편안한 관계가 된답니다. 어릴 때부터 같은 환경에서 자랐기 때문에 세상을 바라보는 눈이나 하는 생각도 비숫하거든요. 누구보다 의지가 되는 존재가 돼요. 이모나 삼촌이 있다면 진짜 그런지 부모님께 물어보세요. 누구보다 가까운 존재라고 할 거예요. 부모인 할아버지 할머니보다 편하다고 할 수도 있어요. 세대가 비슷하니까 부모님보다 말이 더 잘 통하거든요.

그러니 좋았던 때를 생각해서라도 조금만 휴전을 해보세요. 죽자 살자 싸우더라도 서로를 소중하게 생각하는 마음까지 깡그리 없애지는 말아요. 어릴 적 사탕을 주면 누나 주게 하나만 더 달라고 말했던 그 마음을 기억해 주세요.

31 타인의 시선이
신경 쓰여요

엄마 한빛아, 준비 다 됐니? 나가자.

한빛 다 됐어. 금방 나가.

엄마 한빛아, 날씨가 이런데 복장이 그게 뭐야! 갈아입지 그래?

한빛 아니야, 괜찮아. 지하철에 사람들 많잖아.

엄마 왜 그렇게 사람들 시선을 의식하니? 누가 너 신경 쓴다고.

한빛 사람들 있는데 아무 옷이나 입고 싶지 않아.

엄마 밖에서도 이럴 정도면 학교에선 친구들 눈치 보느라 얼마나
불편할까?

한빛 눈치 보는 게 아니라 배려를 하는 거지. 내가 이상하게 하고
다니면 사람들 눈에 거슬리잖아.

엄마 다른 사람들 말고 가족이나 더 배려하세요!

한빛 내가 또 가족한테 뭔 배려를 안 했다고 그래? 나는 누구한테
든 함부로 하는 사람 아니거든.

* **한빛** 세상을 이끄는 큰 빛

내 마음

요즘 다른 사람들이 나만 보는 것 같아서 고민이에요. 밖에 나가면 모두 나만 쳐다보는 것 같아요. 그래서 외출할 때도 편하게 나갈 수가 없어요. 그런 시선이 불편할 때도 있지만, 대부분은 좋은 의미로 사람들이 바라보는 것 같아서 좋기도 해요. 나는 특별하니까요. 나를 더 특별하게 만드는 시선이 있거든요. 그런 시선을 느낄 때 정말 행복하죠.

가끔은 그 시선 때문에 함부로 못 나갈 때도 많아요. 내 모습에 실망하거나 나의 특별함에 대해서 환상이 깨질까 봐요. 그래서 외출을 할 때면 이것저것 엄청 신경을 써요. 너무 바빠서 머리도 못 감고 옷도 대충 입고 나가는 날도 있는데요. 그런 날은 사람들이 쳐다볼까 봐 너무 두려워요. 아무도 나를 보지 않았으면 좋겠어요.

학교에서는 더 그렇죠. 반에서 친구들이 나를 어떻게 볼까부터 시작해서 잘 모르는 옆 반 친구들도 신경이 쓰여요. 모두가 내 행동을 보고 있는 것만 같아요. 그래서 힘들더라도 품위를 지키고 싶어요. 나의 매력을 더 잘 발산할 수 있도록 말이에요. 물론 욕심만큼 힘이 든답니다.

　　그런데 엄마는 그걸로 잔소리를 해요. 내가 준비하는 데 시간이 오래 걸린다고요. 슈퍼 가는 데 아는 사람도 없으면서 신경 쓴다고 뭐라고 하세요. 엄마는 잘 모르는 거예요. 사람들이 나를 바라보는 그 경이로운 시선을 말이죠. 그걸 항상 깨는 건 엄마예요. 빨리빨리를 입에 달고 살죠. 시간 개념이 없다면서 얼마나 잔소리를 하는지 몰라요. 엄마는 이런 기분을 못 느껴봤나 봐요.

　　아무도 나를 이해하지 못한다 해도 상관없어요. 나는 누가 뭐라 해도 앞으로도 당당하고 멋지게 내 분위기를 가꾸며 살아갈 거예요.

타인

마음
사전

"나를 특별하게 봐주기도 하고 나를 감시하기도 하는
양면적인 관계.

우리 마음

✚ 사춘기의 두 가지 특징

마음이가 왜 타인의 시선을 그렇게 신경 쓰는지 궁금하죠? 타인
의 시선 때문에 으쓱할 때도 있지만 그것이 족쇄가 되어 자유롭게
행동하지 못할 때가 있으니까요. 타인의 시선이 신경도 쓰이지만
흐뭇하기도 한 마음이의 진짜 속마음은 무엇일까요?

마음이의 이런 감정을 이해하려면 사춘기의 특징에 대해
알아야 해요. 사춘기에는 자기중심적 사고가 발달하면서 상상적
관중이 존재하게 되죠. 사춘기에는 급격하게 신체적, 정신적 변화

가 일어나면서 자신의 외모와 행동에 몰두하게 돼요. 다른 사람들도 자신에게 아주 많이 관심이 있다고 생각하게 되는데, 이러한 자기중심성이 발현되는 것 중 하나가 상상적 관중이에요. 자신이 마치 무대 위의 주인공이 된 것 같죠. 다른 사람들은 모두 관중이 되어 나를 바라보는 것 같은 상상에 빠지는 거예요. 사춘기에는 자기 자신을 누구보다 매력적이라고 생각해요. 이런 특성이 타인의 시선에 신경을 쓰게 하죠.

사춘기의 두 번째 특징은 개인적 우화(personal fable)예요. 자신은 남들과는 다른 우월한 존재여서 아무도 이해하지 못할 거라는 마음이에요. 자신이 독특하고 특별하기 때문에, 이 세상에서 아무도 나를 이해할 수 없을 거라고 생각하는 거죠. 이것 또한 사춘기의 발달 과정에서 자연스럽게 나타나는 현상이랍니다. 사춘기에는 타인과 가까이 머물고 싶으면서도 거리를 두고 싶은 마음이 생겨요. 아무도 나를 이해하지 못할 거라는 두려움 때문이죠. 행여나 너무 가까이 다가왔다가 자신의 실체를 들킬까 봐 무섭죠. 더 센 척하고 아무렇지 않은 척하기도 해요. 타인과 부딪히면서 나에 대해서 더 이해하는 과정을 겪어가는 거죠. 개인적 우화의 과정을 거쳐 성장해가면서 차츰 모든 사람이 나에게 관심 있는 것이 아니란 것을 알게 된답니다.

이렇게 사춘기에는 두 가지 사고가 생겨요. 그래서 타인을 의식하는 거랍니다. 그러니 너무 불편해하지 마세요. 자기중심적 사고가 있어야지만 타인을 이해할 수 있는 마음을 배울 수 있게 되니까요. 이런 불편함이 내 입장에서만 보던 것들을 타인의 시선으로 확장할 수 있게 해요. 남들의 시선을 통해 나를 성장시키는 과정이죠. 지금을 충분히 즐기세요. 성장의 과정이니까 어떤 실수를 해도 괜찮습니다.

✚ 타인과의 관계에서 중요한 것

내 마음대로 꾸미고 행동하며 살고 싶어요. 마음이의 상상적 관중을 만족시키면서 마음이의 개인적 우화를 충분히 즐기고 싶죠. 그게 사춘기인 마음이의 자연스러운 감정일 거예요. 그런데 그걸 막는 사람이 있죠. 바로 엄마나 아빠일 거예요. 너는 왜 이렇게 오락가락하냐고 뭐라 하시죠. 타인의 눈치를 보면서도 관심이 없는 척을 한다고요. 때로는 타인의 시선을 신경 쓰는 마음이를 이해하지 못해요. 네 삶을 살아야지 왜 타인에게 좌우되냐면서 비난을 하기도 할 거예요.

하지만 사실 마음이만 타인을 그렇게 신경 쓰는 게 아니잖아요. 엄마는 더하면서 그래요. 옆집 이모들, 마음이 초등학교 친구 엄마들 만나는 거 왜 그렇게 신경 쓰는 건데요? 거기서 항상 '카더라 통신'을 듣고 와서 마음이랑 비교하고 강요하잖아요. 그게 타인을 신경 쓰는 거 아니냐고요. 어른들도 타인을 염두에 두고 눈치를 보면서 왜 마음이한테만 그러는지 모르겠죠. 마음이가 밖에서는 그렇게 친절하고 잘 웃으면서 엄마한텐 왜 신경질만 내냐 불만이시지만, 그건 엄마도 마찬가지예요. 타인에겐 한없이 교양 있으면서 집에만 오면 화를 내니까요.

우리는 왜 이렇게 가면을 쓰면서 살 수밖에 없을까요? 그건 우리 모두 타인에게 신경을 쓰고 살아가기 때문이에요. 타인과의 관계나 시선이 우리에게 영향을 주고 있죠. 그 시선과 기대에 맞추느라 정작 가까운 사람과 부딪힌다면 참 슬픈 일이에요. 정작 소중한 사람을 배려하지 않는 행동이지요. 정말 중요한 것은 타인의 시선이나 타인과의 관계가 아니에요. 나와 가까운 관계를 맺고 있는 사람들과의 관계인데 말이죠.

내가 모르는, 나를 신경 쓰지 않는 사람들에게 많은 에너지를 쓸 필요가 없어요. 타인의 시선이나 관계보다 가족 간의 관계부터 신경 쓰자고 엄마에게 말해요. 마음이도 노력하겠다고 하고요. 그렇게 말해주면 엄마도 무척 고마워하며, 자신의 행동을 되돌아보고 고치려고 노력하실 거예요. 엄마에게도 진짜 중요한 사람은 마음이니까요. 가장 가까이 지내고 싶은 마음이 밀어내지 않고 그렇게 말해준다면 엄마도 달라질 수 있을 거예요. 타인을 신경 쓰느라 소중한 사람과의 관계를 놓치는 실수, 이제 그만하자고요.

관계에서
내 진짜 마음은?

32

사전적
정의

관계 둘 이상의 사람·사물·현상 따위가 서로 관련을
맺음.

한결 엄마, 나 오늘 너무 힘들어.

엄마 무슨 일 있었어?

한결 나는 대인관계에 있어서 나사 하나가 부족한가 봐.

엄마 우리 한결이가 관계 때문에 마음이 많이 힘들구나. 그래, 그
럴 수 있어. 엄마도 그래.

한결 엄마도 그래?

엄마 그럼. 세상에서 제일 힘든 게 인간관계라고들 하잖아.

한결 진짜? 나만 힘든 게 아니었어? 그럼 다행이긴 한데, 어떻게
해야 할지 모르겠어.

엄마 네 마음에게 물어보고 네 마음이 하라는 대로 해 봐. 관계에
정답은 없어.

한결 그러다 실수해서 관계가 더 안 좋아지면 어떡해?

엄마 괜찮아. 다 그러면서 배우는 거야. 어차피 이어질 관계는 어
떻게든 이어진단다. 무엇보다 네 마음에 귀를 기울이렴.

* **한결** 변함없는 지조를 지닌

256

내 마음

많은 관계 안에서 힘이 들어요. 다 잘해 내고 싶거든요. 부모님께도 좋은 자녀이고 싶고, 친구들도 많이 사귀고 싶어요. 내가 만나는 사람들과 잘 지내고, 좋은 사람으로 인식되고 싶어요. 그런데 그게 마음대로 안 돼요. 나를 컨트롤할 수 없을 때가 있거든요. 어쩔 땐 감당할 수 없을 정도로 화가 치밀어 올라 참을 수가 없어요. 어쩔 땐 기분이 가라앉아서 아무것도 하고 싶지 않아요. 모든 게 귀찮기만 하고 재미있는 것도 없어요. 그럴 때조차도 관계를 생각하며 참아야 한다는 게 힘들어요. 친구들도 기분이 오락가락해요. 어제는 괜찮았던 장난에 오늘은 욱하고 화를 내죠. 그럴 때는 어떻게 감당해야 할지 몰라서 마음이 안 좋아요.

인간관계가 이렇게 힘든 건 줄 몰랐어요. 어릴 때는 엄마 아빠가 내게 잘 맞춰주셨거든요. 다른 사람들과 깊이 있는 관계를 맺지 않으니 사람의 마음을 몰랐던 것도 같아요. 지금은 내 마음도 잘 모르겠어요. 엄마 아빠랑도 거리를 두고 싶어요. 괜히 싫어지고 간섭하면 더 싫어져요.

친구들 마음은 더 맞추기가 힘들어요. 시시때때로 변하는 마음을 내가 어떻게 다 알 수가 있겠어요. 맞춰주길 바라는데 그게 쉽지가 않아요. 자기 기분을 알아주지 않으면 삐져서 친구 관계를 끝내버려요. 소중했던 관계가 이렇게 쉽게 끝날 수 있다는 게 충격이에요. 다른 관계를 위해서 노력해야 하나 싶기도 하고 잘못 될까 봐 두렵기도 해요. 어떻게 해야 다른 사람들과 문제없이 무난하게 지낼 수 있을까요? 비결이 있다면 진짜 배우고 싶어요. 학교에서는 왜 이런 건 가르쳐 주지 않을까요?

| 관계

마음
사전	⌐ 사람들과 어울려 살아가면서 제일 어려운 것. ⌐ 내 마음도 타인의 마음도 맞추기 어려운, 알 수 　없는 것.

우리 마음

✳ 관계가 어려운가요?

마음이가 관계에서 어려움이 있군요. 내 마음도 오락가락해서 잘 조절이 안 되는데 타인의 마음까지 헤아려야 하니까 어렵죠. 어찌 할 줄 모르겠죠? 아직 많은 관계를 경험해 보지 않은 마음이는 힘 들 수 있어요. 물론 경험이 많다고 해서 쉽게 나아지지도 않더라 고요. 경험하면 할수록 어려운 게 인간관계이긴 해요. 인간관계가 힘들어서 회사에서 퇴사하는 사람이나 학교생활에 어려움을 겪 는 사람도 많잖아요.

인간관계가 힘들긴 하지만 마음이가 살면서 관계에서 갈등을 해결해 본 경험이 쌓이게 되면 차차 괜찮아져요. 자신감도 생기고 자신만의 기준도 생기죠. 이럴 땐 이렇게, 저럴 땐 저렇게 하는 자신만의 매뉴얼에 따라 행동하게 되거든요.

때로는 마음이가 원하지 않지만 갈등의 중심에 놓이게 되는 경우가 생겨요. 그럴 때는 관계를 개선하고자 해도 어떻게 해야 할지 모를 수 있어요. 마음이 너무 불편하고 도망가고 싶을 거예요. 좋은 관계를 골라서 쌓도록 해야 할 텐데 마음이는 아직 관계 분별력이 약하죠. 사람을 골라서 사귈 줄도 모르니까요.

이런 어려움을 넘어서기 위해서는 일단 관계에서 거리를 두는 게 필요해요. 마구 뛰어들지 말고 내가 관계를 맺어도 좋을 대상인지 가만히 관찰해 보는 거예요. 서두르지 말고 조심스럽게 관계를 시작해 보세요. 사춘기에는 순간의 판단으로 시작하기 때문에 많이 상처받을 수도 있답니다. 하지만 그것 또한 차츰 연습을 통해서 나아질 거예요. 물론 실패할 수도 상처를 받을 수도 있죠. 그럴 때는 무엇 때문에 실패했는지 생각해 보세요. 나를 힘들게 했던 부분이 어떤 것이었는지 뒤돌아보는 거죠.

잘 모르겠을 때는 가까운 사람과 이야기해 보세요. 무엇 때문에 내 마음이 상했는지 알아보는 게 중요해요. 다음 관계를 맺을 때 도움이 되니까요. 내가 어떤 부분에서 상처를 잘 받는지 알면 다음에 조심할 수 있거든요. 그 감정을 억지로 없애려고 하지 말고 충분히 느끼세요. 속상하고 상처받은 마음을 인정하는 거예요. 그 과정에서 마음이 단단해지고 관계도 더 성숙해질 수 있어요. 왜 속상했는지 생각해 보고 충분히 상처받은 마음 안에 머물러 보세요. 다시 관계를 맺을 힘이 생길 겁니다. 그리고 다음번 관계는 이번의 실수를 되풀이하지 않으려고 노력하겠죠. 관계에서 상처를 피할 수는 없지만 조금이라도 마음이를 단단하게 할 수 있는 루틴이 필요해요. 그 루틴에 따라서 관계를 조절할 수 있는 힘도 있어야 하고요.

✳ 좋은 관계의 출발

마음이가 관계에 대해서 고민하기 전에 알아둬야 할 중요한 것이 있어요. 좋은 관계의 시작은 내 마음을 알아주는 것에서부터 시작된다는 거죠. 내 마음에 귀를 기울이고 존중해 줘야 해요. 마음이 가는 대로 하는 거죠. 마음이 움직이는 대로 따라가 보세요. 내 마음이 이 관계를 왜 원하는지 생각해 보라는 거죠. 그러기 위해서는 나를 잘 돌봐야 해요. 내가 건강해야 내 마음도 건강할 수 있거든요. 잘 자고 잘 먹고 해야 건강한 마음을 가질 수 있어요.

　　또한 누군가 나를 비난하거나 관계가 틀어질 때 내가 나를 비난하지 않아야 해요. 스스로 나를 안 좋게 여기거나 다그치지 않도록 해요. 나의 의지와 상관없이 문제는 생길 수 있어요. 관계가 어려운 것은 맞아요. 하지만 상대방과 마음이 맞지 않아서 생기는 문제이지 마음이의 인성 탓이 아니랍니다. 내가 부족해서라든가, 나의 인성이 나빠서라는 식의 비난을 멈추세요. 때로는 타인보다 자기 자신이 스스로에게 더 차가운 비난을 하는 경우도 있는데, 이건 매우 위험해요. 타인과의 관계와 나 자신의 인성은 분리하세요. 물론 잘못된 표현이 있어서 오해를 불러일으켰다면 그런 표현 방식은 고쳐야겠지만, 다른 사람과의 관계 때문에 나 자신과의 관계를 해치지 않았으면 좋겠어요.

　　나라는 사람이 타인의 인정을 통해서 완성되는 것은 아니라는 것을 꼭 기억하세요. 관계에서 늘 추앙만 받을 수는 없어요. 비난을 받을 수도 있다는 것을 알아야 해요. 서로 맞지 않아 상처를 주기도 하지요. 때로는 간절히 원하면서도 어긋나요. 그것을 통해서 배울 점이 있는 거죠. 타인에게서 비난을 받으면 상처는 받겠지만, 그 관계에서 인정받지 못했다고 해서 나 자신을 비난하지 않았으면 해요. 마음이는 지금 성장하고 있는 중이잖아요. 얼마든지 변화하고 발전할 수 있어요. 현재의 부족함을 창피해하지 마세요. 부족한 점을 알았으니 개선하고 나아지면 그만이에요. 그것을 발전의 기회로 삼아 나아지는 마음이가 되었으면 좋겠습니다. 자신의 마음을 돌보며 자신을 귀하게 여길 때 좋은 관계는 따라오게 되어 있어요.

매력적인 사람은 자신에게 충실한 사람이에요. 나의 마음을 사랑하고 잘 돌볼 때 타인도 곁에 머물고 싶은 마음이 생긴답니다. 모든 좋은 관계의 출발은 나 자신과의 좋은 관계예요. 자신의 마음을 토닥여주고 돌보는 것에서부터 출발해 보세요.

흔들려도 괜찮아
사춘기 마음 사전

초판 1쇄 인쇄 2023년 8월 18일
초판 1쇄 발행 2023년 8월 28일

지은이 이현주, 이현옥
발행인 박효상 | **편집장** 김현 | **기획 · 편집** 장경희, 김효정
디자인 임정현 | **마케팅** 이태호, 이전희 | **관리** 김태옥
교정 · 교열 진행 안현진 | **조판** 조영라

종이 월드페이퍼   **인쇄 · 제본** 예림인쇄 · 바인딩

출판등록 제10-1835호   **발행처** 사람in   **주소** 04034 서울시 마포구 양화로 11길 14-10 (서교동) 3F
전화 02) 338-3555(代)   **팩스** 02) 338-3545   **E-mail** saramin@netsgo.com
Website www.saramin.com

ISBN 979-11-7101-004-2 43710

우아한 지적만보, 기민한 실사구시 **사람in**